アーティストシンキング

ベンジャミン・スケッパー

世界16カ国で
結果を出し続ける
「クリエイティブ」論

Artist Thinking
Benjamin Skepper

プレジデント社

はじめに

みなさん、初めまして。オーストラリア出身のベンジャミン・スケッパーです。

私は本格的にアーティストとして生計を立て始めて一〇年以上のキャリアがあります。これまで世界一六カ国でチェロ奏者として活動を展開してきました。とはいえ、初めてピアノに触れたのは一歳半のときですから、四〇年間アーティストとしての実績があるとも言えます。

今まで演奏をしてきた国は、オーストラリア、日本、ロシア、フランス、イタリア、カザフスタンなどで、さまざまな舞台に声をかけていただき、今は一番充実した時間を日本で過ごしているという実感があります。

この本のタイトルであるアーティストシンキングに興味を持ってくださり、感謝申し上げます。読者のみなさんの多くは、アーティストと呼ばれる人は何か特別な才能があるので活躍できているのではないかと想像しているかもしれません。確かにそのような人もいるでしょうが、とても稀なケースです。大半のアーティストは、天賦の才の有無よりも、普段から感性を研ぎ澄まして日々努力を積み重ねているのが現状です（とはいえ、私に言わせれば、九割は自称アーティストですので注意が必要です）。

この本では、アーティストはいったい何を考えて生活しているのか、どうすればアーティスト的な視点で物事を捉えて新しいチャレンジを行うことができるかについて、私自身がこれまでアーティストとして活動をしてきた経緯を踏まえてご説明したいと思います。ただし、アーティストになるための具体的なノウハウは書いていません。本書全体をお読みいただき、アーティストが常に行っていることのエッセンスを感じ取っていただけたらと思います。

現在、日本は失われた三〇年と言われるほど、政治も経済もずっと停滞した状態が続いています。でも、こんな高いポテンシャルを持つ国が元気を失っているのはもったいない。特にZ世代と呼ばれる若い人たちが、この本を通して、アーティストの考え方の本質を理解してくれることで、新しい価値とエネルギーが生まれるのではないかと期待しています。

最近はＳＤＧｓ（持続可能な開発目標）という言葉を目にしない日はないほどで、私たちはこれまでの大量消費型社会からの転換を求められています。そのためには、物質的な豊かさから精神的な豊かさへのシフトチェンジが必要です。私は、アーティストが社会的な評価を高めてどんどん活躍していくことで、社会が変わり、人々に癒やしやエネルギーを与えるアートや音楽などのソフト産業が重要な位置を占めるのではないかと考えています。社会をシフトさせるために必要なのが、本書でお話しするアーティストシンキングなのです。

ここで簡単に私の説明をさせてください。私の祖母は、生まれ故郷の広島県で被爆後、オーストラリアに戦争花嫁として嫁ぎ、イギリス系オーストラリア人の祖父と結婚し、私の母が生まれました。母は、イギリス系とオランダ系のダブルであるオーストラリア人の父と出会い、私が誕生したのです。私は、バイキングの末裔でもあると同時に戦国大名である毛利家の家臣の血を引く被爆三世のクオーターであることを強く意識しています。

小さい頃から、祖母と過ごす時間が長かったこともあり、礼儀作法を含めた私の心は、日本人として育てられたように思います。初めて日本語に触れたのは一五歳で、初来日のときでした。高校二年生のときに日本に短期留学をしたことでさらに日本への興味に拍車がかかりました。メルボルン大学法学部二年生のときには、一年間上智大学に留学し、必死になって日本語を学んだおかげで、日本語はペラペラになりました。

大手自動車部品メーカーのオーストラリア法人で日本語の通訳として働いたこともあります。メルボルン大学では、法学と教養学の学位を得て、弁護士の資格を取得した後は、国際的に有名な法律事務所の日本事務所で勤務しました。日本語検定一級の資格も持っています。ある意味、日本人よりも「日本オタク」の面があるという自負があります。私にとって日本は第二の祖国であり、本当に大好きな国なのです。

この本の中には、日本の現状について厳しく論評している箇所もありますが、お許しいただきたいと思います。四半世紀、日本をウォッチし続ける者として、現在の日本は非常に残念な状況にあります。他国と比べ、本当に豊かで幅広い言葉と文化を持っているにもかかわらず、日本人の多くはますます内にこもる傾向が強まっているように思えてなりません。

奇《く》しくも、今回のオリンピック開催前の騒動は、日本があまりにも国際的な感覚とかけ離れた性差別の現状、人権に対する意識の低さを露呈する結果となりました。
首相経験者による女性蔑視発言に端を発し、総合プロデューサーによる女性タレントへの侮辱発言、開会式の曲を担当する音楽家がかつて自分のかかわったいじめ（ほぼ犯罪）経験をおもしろおかしく雑誌のインタビューで答えていた件、さらに、元お笑いタレントの演出家がナチスの国家的犯罪（国際的には即アウト）をお笑いネタとして取り上げていた件など、これまで日本に内在していた矛盾が一挙に噴出したかたちとなりました。アート、音楽にかかわるアーティストたちが、ことごとく自滅していったのです。

私は、アーティストとして当然持っておくべき世界的視点や教養、プロとしての矜持があれば、このようなことは起こらなかったのではないかと考えました。日本だけ盛り上がればいいという自己中心的な島国的思考では、これから世界で脚光を浴びるようなアーティストは現れてこないでしょう。世界的な映画監督として有名な北野武氏も、オリンピックの開会式についてTV番組で「税金からいくらか出ているだろうから、金《カネ》返せよ。外国に恥ずかしくていけない。いかに（この演出が）バカだったのかわかるでしょうね、日本は」と酷評したほどです。

オリンピックは、日本の文化の高さ、精神性、革新性、そして先進国としての未来へのビジョンを世界に示すことができた大きなチャンスでした。大会を取り仕切る大手広告代理店が、スキャンダルの防止を含め、アーティストの才能をうまく活かせなかったことは事実であり、これから何年もの間、オリンピックの存在意義が熱く議論されることでしょう。私たちは「喉元過ぎれば熱さを忘れる」ではなく、これらを起こしてしまった原因について注目し続ける必要があります。

ニューヨークタイムズの記事によると、今回のオリンピックスタジアム外で起こったデモは、大会に対する日本人の強い怒りと反対意見を明確に示していると言います。スキャンダルが続いた今回のオリンピックは、二〇一一年に発生した東北地方の太平洋沖地震のときに日本人が感じた情熱と怒りのエネルギーを再び蘇らせることになるきっかけとなるでしょう。

コロナウイルスの発生から二年がたとうとする中で、アーティストの活動は大きく制限されており、非常に苦しい状態に置かれたままです。私も日本で計画された全国ツアーが三回も延期となり、呆然とする日々を過ごしたこともありました。私たちアーティストは、エネルギーを発揮するための場所を必要としています。

アーティストとして世界で活躍するためにはどのような心構えと鍛錬が必要なのかについて是非、みなさんに考えていただきたいです。またこの本が、多くの方にアーティストシンキングを考えていただくための議論の材料となることを、著者として願って已《や》みません。

ベンジャミン・スケッパー

アーティストシンキング——目次

第二章

アートから学んだイノベーションの起こし方

第三章
日本人に求められる「限界突破力」

第四章
世界最強になるために自分のルーツを探れ！

序章
アーティストとして生きるということ

撮影＝緒方秀美

一三歳の宣言——I want to make money!

私は幼少の頃からクラシック音楽の英才教育を受けてきた。すでに八歳のときにはパトロンがついていて、一〇歳で初めて演奏家として単独ツアーを行った。そこから世界を巡る生活が始まったのだ。いろいろなハイ・ステイタスの人たちの前で演奏を行い、ダライ・ラマ一四世の前で演奏したこともある。

ただし、最初の頃は指示された場所に行って演奏をするだけで、私自身には全くお金が入ってこなかった。あるとき、それはおかしいのではないかと気づいたのだ。

「某高級車ミュージアムのオープニングで弾いているのだから、そこにお金が発生しないわけはないじゃないか！　そのお金は、一体どうなっているんだろう？」

私は気がついたらすぐに口に出すタイプなので、母親におかしいと感じたことを伝えた。

「お金は誰が稼いでいるの？　僕が演奏しているんだから、僕もお金が欲しい（I want to make money!）」

一三歳のときの話だ。

すると母親は「それはそうだよね」と私の考えを認めてくれた。それからすぐに、チェロ、ビオラ、バイオリン（二人）からなる子どもたちのカルテットを結成して、自らマネジャーをかって出た。母親のもとで活動を始めると、天才キッズの演奏はすぐに評判となり、あちこちから仕事の依頼が舞い込んできて、かなり稼ぐことができた。仕事は毎週のように入ってきたが、楽器を演奏することが好きだったので楽しかった。

ギャラの設定は、母親と相談して決めた。当時は、音楽教室のレッスン料が一時間三〇分で五〇オーストラリアドルだったので、それを基準としたのだ（当時のレートで、一オーストラリアドル＝一〇〇円程度）。三時間の演奏で、グループのメンバーはそれぞれ一万五〇〇〇円ほどを手にすることができた。時給換算では五〇〇〇円なので、それほど高いわけではなかったが、子どもにとっては大きな額だ。半年も働くと三〇万～四〇万円が口座に振り込まれていた。

初めて貯金を体験したのもこのときだ。自分が稼いだお金を貯金して、いちいち親にお願いしなくても、自分が買いたいものを買えるようになったのが、すごく嬉しかった。

このような体験をしているので、将来は独立して働こうとか起業してみようといったアイデアは、すでに頭のどこかにあったのだろう。

一三歳でバリバリ働いている子どもは、日本ではほとんどいないかもしれない。そのときの私は、働く以上、それに見合ったお金は当然もらうべきだと考えていた。スーパーに行って牛乳を買うときに、子どもだからといって「今日はお金がないから払えない」「ああ、いいよ」なんていうことにはならないだろう。

働いていたのは、家の事情というわけではない。父親はオーストラリアでも有名なトップ美容師だったので、お金に困ってはいなかった。私も同年齢の子たちと一緒に学校で学び、帰宅後は二、三時間勉強をし、楽器も練習していた。

働くということは、お金を稼ぐということだが、社会貢献や社会奉仕といった意味もある。自分がすることが世間の役に立っていなければ、「あなたは一体何をしているの？」と言われてしまう。だから、当時から毎日朝早く頑張って起きて、自分の仕事に誇りを持って、一〇〇％の力を発揮することを心がけていた。

私は単に労働の対価としてお金がもらいたかったわけではない。タキシードを着て、みんなのためにきれいな音楽を弾き、その結果として喜んでもらえることが嬉しかった。一三歳の私がモーツァルトを弾くとみんな大喜びしてくれ、「かわいい子どもたちだね」と微笑んでくれたので、「私はいいことをしている」と心から思った。人を笑顔にすることは、人を幸せにすることで、これも社会貢献の一つだと感じたからだ。

私は純粋に、それらの対価が欲しかったのだ。演奏場所に行くのは疲れるし、初めて会う人たちの前で演奏するのは、強いプレッシャーも感じる。もちろん、演奏に失敗するとお客さんは「ええっ?」という反応をするだろうし、われわれは母親から叱られるだろう。そういうことも含んだ対価としてのお金をもらうべきだと、思っていたのだ。

「働く」ことをトータルで考える

自分の演奏をお金に換えたいと一三歳で宣言し、母が結成したグループで働き始め、毎週日曜日になると三時間の演奏をするといった生活を五年続けたが、仕事は音楽だけにとどまらなかった。一五歳になると、父親の美容室でも働き始めたのだ。こちらの時給は八〇〇円。年齢を考えると普通の時給だったが、音楽では三時間の演奏で時給五〇〇〇円をもらっていたので、当たり前だけど「安い!」とショックを受けた。そのため交渉して美容室の仕事は時給一〇〇〇円に上げてもらった。

仕事の内容は、お客さんの髪の毛を洗うことだった。一日七時間、ひたすらお客さんの髪の毛を洗い続けた。あとは店の掃除を行い、お客さんのためにコーヒーをいれ、大量に出てくる使用済みタオルの洗濯をする。これを毎週末、五年間続けたのだ。これは本当に〝労働〟だった。楽しくないし、疲れるし、とにかく大変という思い出しか残っていない。

私はチェロの演奏家なので、手が命だ。当然、手に支障をきたすような激しい労働は禁物である。好きだったスポーツをやめたのも、手を骨折して一時期チェロが弾けなくなったためだ。今、私が行う労働といえば、庭仕事ぐらいだろう。

音楽で時給五〇〇〇円を稼いでいた身としては、時給一〇〇〇円でヘトヘトになるまで働くのは割が合わないという気持ちが、正直あった。でも、美容室は父のビジネスだし、そこで働く以上はそこのルールに従わなければならないと思っていた。

その一方で、貴重な体験もできた。有名な美容室なので面白い出会いがたくさんあったのだ。オーストラリアのトップ美容師である父のカット料金は非常に高く、日本の美容室の二、三倍はした。それでも足を運んでくれるテレビに出ている有名人やスポーツ選手、政治家などが大勢いたのだ。そういう人たちと間近に接することができたのは、とても楽しかったけれども、仕事はやはり大変だった。ポマードがべっとりついた髪の毛を触らなければならないときには、「何、これ？」と思うこともあったが、今にしてみれば、無駄な経験はなかったと断言できる。あまりやりたくない仕事だったが、たくさんの有名人と出会うことができ、サービスの重要性が身に染みたのは、長い目でみると将来の宝になった。一見地味に見える洗髪が美容師にとってとても重要な仕事だということもよくわかった。まず洗髪でお客さんに気持ちよくなってもらわないといけないので、大きな責任がある。私はすごく上手だったようだ。たまにチップをもらうことがあり、洗髪の担当者が三人いる中で指名されることもあった。

父の美容室で働いたことで、そこで働く人たちの気持ちもわかった。毎日毎日地味な仕事をコツコツと行うのはなかなかできることではなく、いかにお金を稼ぐのが大変であるかを痛感したのだ。

これは、一つの仕事を続けていく上で、非常に大事なポイントである。私は今、アーティストとして生きているが、大半のアーティストにとって理解しづらいのが「社会人がどんな気持ちで働いているか」ということだ。アーティスト仲間でも、社会人として働いた経験のない人たちがほとんどで、なぜ会計士が必要なのか、なぜ弁護士が存在するのかがよくわかっていない人が多い。彼らは、毎日同じように会社に出社して働いている人を見て、「（感情のない）ロボットのようだ」と平気で悪態をついたりするが、それは間違った見方だ。

私は彼らに対して「あなたが食べている食品も、あなたが来ている衣服も、そういう人たちのおかげで出来ているんだよ」といつも説明している。これは人生を過ごす上で絶対に知っておかなければならないことだ。幸いにも私は、子どものときから働いていたので、一つのトータルシステムの中で「働く」ということを客観的に見つめ、理解していたが、これは私にとって、とても幸せなことだった。

アーティストは不要不急の存在か

二〇〇六年、私は二六歳で弁護士資格を取得した。それから一年強ほど世界有数の弁護士事務所であるクリフォードチャンスに所属し、日本のオフィスで訴訟を専門とする弁護士として働いた。ちなみにチェロ奏者として本格的なアーティスト活動を始めたのは、二〇〇八年のリーマン・ショック後だ。

なぜ、世界的な超一流弁護士事務所で働く高給取りが、不安定なアーティスト業界に転じたのか。これはよく質問されることなので、この場で述べておきたい。私はそもそも弁護士という仕事に就きたかったわけではない。しかし、法学部と大学院修士課程で学んだ知識を仕事として活用できるベストの道が、弁護士であると考えたのが最大の理由である。もともとアーティストとして活動したかったが、その前に社会人としての経験を積んでおく必要があるという思いを持っていた。

また、一度きりの人生なので、やりたいことをするべきだという強い信念を持っていたのだ。今やるべきことに全力投球をするのは、一番大切にしている信念である。お金ももちろん重要だが、それ以上に大切なのは、死ぬときにいい人生だったと実感できる道を選ぶことだ。

弁護士とアーティストの両方の仕事を経験したのでよくわかるが、日本において弁護士は最も社会的に尊敬される職業の一つである。一方、アーティストはぞんざいな扱いをされる場合が多い。アーティストとして活動していると言うと、「ガキじゃないか」「いい年をしてロン毛でボヘミアン生活をしているのか」とあからさまに言われるか、そうでなくても陰口を叩かれる。でも、これはオーストラリアでも同じようなものだ。

これには、半分、嫉妬心があるのかもしれない。アーティストの活動というと、自由で楽しそうに思うからだろう。でも、それは想像にしかすぎず、現実には生活はそれほど楽ではない。サラリーマンのように定期的に決まったお金が入ってくるわけではなく、次にもらえるお金がどこから入ってくるかもわからない。フリーランスで働く人たちは皆、同じような境遇だと思うが、お金のやり繰りで日々苦労させられている。

それに今のパンデミックな状況の中で明らかになったように、アートは「必要なもの」と見なされていない。残念ではあるが、ガソリンスタンドは必要だけれども、アートが必要だと思う人は少ないのだろう。それはアーティストや劇場・イベント関連の仕事に対する行政の対応を見ればよくわかる。

私は、アートがノーエッセンシャルサービス（必要不可欠ではない仕事）に分類されたことに、非常に腹が立っている。アートが本当に必要ないのであれば、ネットフリックスやフールーといったストリーミングサービス関連企業の株が、コロナ禍前と比べて三倍に上昇するはずがないからだ。

私はエンターテインメントとアートを一緒にはみなしていないが、ドキュメンタリーや映画はクリエイティブなもので、いつでも必要とされているものだ。しかし、アートはノー・エッセンシャルサービスとみなされてしまったため、映画館もライブハウスも休業となり、バレエやオペラやクラシックのコンサートも中止になった。しかも金銭的な支援がないので、映画館やライブハウスはどんどん潰れている。これは世界的な現象でもある。

ドイツでは早い段階で金銭補償が行われたが、日本もオーストラリアもそれほど補償はよくなかった。でもそれが今の社会の価値観の現実であると思い知った。緊急のときにアートが絶対に必要かと聞かれれば、必要ないかもしれないという声があるのも理解はできる。しかし、そんな様子をはたからあからさまに見せられると不愉快である。結局、人々の心の根底にアーティストに対する敬意がないと感じるからだ。これこそが、まさにアートが文化として根づいていない証拠でもある。

ポスト・コロナの時代には、ウェルビーイングやメンタルヘルスの問題をどう解決するかに、大きな焦点が絞られてくる。そうなると、アートやカルチャー（文化）の必要性がますます高まるのではないかと思うのだ。ただ単に人々が展覧会や映画館やライブに足を運ぶだけではない。作品をつくる過程で、アーティストやクリエイターがさまざまな情報を交換し、自分自身で発信していく時代はすぐそこまで来ている。

アートは人間の精神を癒やすだけでなく、感性を高めてくれるものだ。音楽に限らない。絵画もそうだし、デザインもそうだ。しかし現実の話として、アートがどこまで生活に浸透しているかと言えば、純粋にカルチャーだけでなくビジネスとして使われることも多い。

バブルの頃に日本企業が世界の名画を買い漁ったように、今の日本は、アートを文化として愛《め》でるよりも投資としての意味で捉える傾向が強まっている。最近は地方創生とのかかわりでアートによる町おこしのような動きも見られるが、これもデベロッパー系のホテルなどが中心になって、観光客を呼び込むためにアートを利用しているだけのように私には見える。それにより、アーティストの活動が保証されるのであれば嬉しいが、実際はそう単純な話でもない。マネーゲームを眺めているかのようだ。

オーストラリアのメルボルンでは、ストリートアートや落書きアートのようなバンクシー的アートを、パブリックアートとして認める法律が制定された。そのため、それらにアート作品としてお金が支払われることになった。いわば一つの業界が確立されたと言っていい。そのため大きなビルに絵を描いている私の友人は、この三、四年、金銭的にかなり潤っているようだ。日本にはまだそんなマーケットは存在しないけれども、必ずこれから始まることになるだろう。

アートをカルチャーとして日常に根づかせるためには、アーティストと企業が相互に尊重し合い、共に利益をもたらすウィン・ウィンの関係をつくり出すことが欠かせない。もちろん、それらを支える国の支援も必要だ。

私の場合、自分がやりたいことを行って、それをお金に換えることができてきた。でも、これは幸運な例で、それができていないアーティストのほうが多い。イタリア人と日本人の知り合いのベテランバレリーナは、プリマ（主役）のみを引き受けると決めている。そのため出演料が高く設定できてバレリーナ一本で生活しているという。しかしながら、それは稀有なケースで、周りの仲間は皆、アルバイトをしながら何とか活動しているという。そうしなければ食べていけないというのが、アーティストの世界における厳しい現実なのだ。

自分が好きなことを行い、お金に換えることはとても難しい。だから「やれるかも」と思えば、自分自身の感性を信じてどんどんチャレンジし、一気に階段を駆け上がっていくことが重要になる。ある程度のレベルにまで達することができれば、ある程度稼げるようになる。これは、私が一〇歳のときに音楽で稼ぎ始めた経験からも言えることだ。

だが、それは九〇年代だったのでできたのかもしれないと感じることも少なくない。今はアートを仕事にして生きていくというのは、ますます容易でなくなっている。アートはお金にならないとわかっているので、本業ではなく趣味としている人が多くなっているのだろう。でも、しょせん趣味は仕事にはならない。仕事と趣味とでは、根本的な違いがある。

要するに、アートを仕事にすることは、本当に難しいことなのだ。今はその仕組みがないので、才能があったとしてもそれを仕事にして生きていくには勇気がいる。フリーランスで働くアーティストは、自分の演奏や自分のアートワークや自分の写真をどうやって売るかをいつも考えている。そのためにギャラリーを探したり、レコードレーベルを探したり、出版社を探したりしているが、中には信用のおけない業者も多いので注意が必要だ。日本ではアーティストの人数に比べて、それを仕事にしていく仕組みが圧倒的に少ないと感じることが多い。

その一方で、インターネットのデジタルサービスをうまく活用して、アーティストが自分の作品を管理することが増えてきている。その流れが続くとすれば、アーティストへの敬意はなく、アーティストを商品として消費していただけのギャラリーやレコードレーベルは、これからどんどん廃《すた》れていくだろう。

こういった動きが、日本においてアートが日常に定着できるきっかけとなるかどうかについて注目しながら、私自身も自らのアーティスト活動と並行して、アーティストの支援活動を続けていきたいと考えている。

第一章
世界の潮流に乗る文脈を創り出す

撮影＝緒方秀美

アーティストはどこでも誰とでも生きていける

私は、オーストラリアのメルボルン大学で法学と教養学（日本語、仏教、日本のポップカルチャー）の二つの学位を取得した。その後、国際法と人権法を深く学ぶために同大学院修士課程に進学したが、修士号を取得前に大学院をやめた。というのは、教授たちから「ベンジャミンは国連に勤める気はないでしょう。教授にもならないでしょう。それならバックパックで海外へ行きなさい」と言われたからだ。そのときは「こんなに勉強しているのに、なぜそんなことを言うのか」と驚いた。おそらく指導教授は、一流の法律家を育てるために自分自身の貴重な時間を割いて教えているのに、進路がはっきりしないヒッピーのような奴に途中でリタイアされたらたまったものではないと思ったのだろう。

最初は教授の言葉に頭にきたけれども、少し考え直した。私のようなアバンギャルド（前衛的）な発想を持っていて、新たな分野へ挑戦することが好きなタイプの人間にとって、何がいいのかを自問自答したのだ。自分をより深く知るために異なった文化のある土地に行き、違う空気を吸って、違う人たちと会ってみることはとてもいい体験となり、訪れた地域で必ず得るものがあると考えたのだ。

日本では、東京から大阪に移動したとしても、それほど大きな変化はないかもしれない。オーストラリアも日本と同じ島国なので、それと似たようなところがある。広大な面積があるのに、オーストラリア人は日本人と非常に似ていて、閉鎖的だ。これはイギリスも似たようなもので、島国における保守的なメンタリティというものがあるのだろう。またインターネットが存在しなかった時代には、多くの人が外からの情報を簡単に手に入れることができなかったので、それらも影響していると考えられる。

今はインターネットで海外の情報も簡単に手に入れることができる。それどころか、ネット上で旅をした気分にもなれる。しかしながら、自分の身をもって体験し、肉体的に感じることに勝るものはない。

私は一〇歳から国際音楽ツアーに出ていたので、飛行機に乗って海外に行き、お金を稼ぐ機会があった。いろいろな国を見るのは興味深く、「もっといろいろな場所に行ってみたい」といつも思っていた。だから、カルテットでの演奏やファッション・モデルとして稼いだお金は貯金して、すべて海外旅行に使っていた。同じように貯金をして二〇歳で不動産物件を購入した友だちもいたが、私は物よりも体験を大事にしようと考えていた。

稼いだお金で異文化への旅に出た私は、本当の自分に出会うことができた。日本人は修学旅行や団体旅行で海外旅行をする人が多いだろう。でも、「一週間、パリへ行きました」というだけでは、海外に行って何かを得たということにはならない。パック旅行も悪くはないけれども、心の目が閉じたまま観光目的で海外に行ったとしても身につくことはほとんどないだろう。「一日パリ、一日ミラノ、一日ローマ、一日スロバキアへ行って、四日間で帰ってきました」というような旅行を繰り返しても、あまり意味はない。

私の場合は、単に旅として行くのではなく、行った先でビジネスをするという目的もあった。ビジネスをする場所は、別にオーストラリアでなくてもかまわない。パリでも、モスクワでも、カンボジアでも、日本でもいいのではないかと思っていた。最低限、生きていくための食べ物があり、寝るところがあればいいという気持ちで世界中を歩いてきたのだ。

二〇〇一年の年末、上智大学に留学していたとき、私は初めてカンボジアを訪れた。そのときに思ったことがある。先進国のわれわれはお金を持っているので、発展途上国に行けば「金持ち」になったような気分を味わうことができる。だから五つ星ホテルに泊まって贅沢三昧して帰る人が多いが、そういう人たちを見て、私は非常に腹が立った。自分たちが王様のように楽しむことがすべてで、現地の人たちの気持ちを全くわかろうとしていないからだ。だから私は、二〇〇二年の年末、再びカンボジアを訪れ、ボランティアで働こうと決めた。仕事イコール自分のアイデンティティーではないが、仕事が社会貢献になると考えたのだ。

特に海外という非日常の場所で働くことは楽しい。飛行機に乗るだけでもワクワクする。もちろん、私にも見知らぬ土地へ行くことへの恐怖感はある。訪れた場所にある次の道の角に何が潜んでいるかもわからないので、注意深く行動しなくてはいけない。それに私の場合、あえて十分な情報を得ないまま訪れるので、勇気がいる。その結果、忍耐力や交渉力が身につき、その土地で新しいネットワークをつくる楽しみが生まれるのだ。

世界を生き抜いていくために必要なのは「知識」よりも「知恵」

オックスフォード大やハーバード大で仕事をしている友だちから「研究員にならないか」と誘われたこともある。しかし、私は断った。ラボ（研究所）にいる自分と、世界に出て自分の身体・顔・精神をすべて使って表現活動をしている自分を比べたときに、今の自分にとってPh.D.（博士号）は必ずしも必要ではないと考えたからだ。

人生には、何かを行うべきタイミングというものがある。「今は一つの組織の中に入って自分のすべてをそこに注ぐタイミングなのかどうか」を自問自答した。そして、六〇歳になればPh.D.の勉強を始めてもいいが、今はそのタイミングではないと判断したのだ。

大学に入ってPh.D.の取得を目指す学生は多いけれども、ただ目指すだけでは、時間がもったいない。二十代の若者がPh.D.を取得する価値が、どれほどあるのか疑問に思うからだ。Ph.D.を三〇歳で取得したとしても、実際問題として三〇歳のPh.D.にどれだけの価値があるだろうか。勉強ばかりしていて人生の経験を積んでいないPh.D.が、社会に対して何かを述べたとしても、万人を納得させるほどの説得力はないだろう。その時点で彼が語っているのは、すべてセオリー（理論）にすぎない。知識を話しているだけだからだ。

世界を生き抜いていくために必要なのは、知識よりも知恵だ。知恵とは自分の知識を現実世界で使える形に変換したものと言っていいだろう。知識をいかにして知恵に切り替えていくか。それができる人こそが、世の中で成功することができる。

Ph.D.を取得するのは、六〇歳からでいい

私は自分が六〇歳になればPh.D.を目指してもいいと考えている。そこまで生きていれば、多くの知恵が身についているはずだからだ。そのベースがあったうえで博士になるのであれば、自分自身の人生にとって意味があるのではないかと思う。

三〇歳のPh.D.というのは、しょせん肩書でしかない。肩書には興味がない。博士になることに意味がないわけではないが、どのタイミングでそれを目指すかはよく考えるべきだ。ラボに籠《こ》もって研究を行うよりも、社会に出て活動することのほうが大事な時期もある。それは人それぞれ違うかもしれないが、若い頃は活動するのに最適な時期だ。ラボに籠もっているのはもったいない、そう考えて私は誘いを断ったのだ。

そのときの条件は、スカラシップ（奨学金）で一年に最低三〇〇万円もらえるというものだった。Ph.D.を取るまでに五年はかかるので、最低でも一五〇〇万円になる。この額だと生活は何とかなると考えて、Ph.D.に進む人はいるかもしれない。でも、それは私の生き方ではない。「入ってくるお金がゼロであろうが、やりたい活動を行う。自分が表現しなければいけないものは、それを最優先にして行う」のが、私のポリシーだ。

若い人たちが勉強することは非常に大事だけれども、勉強したことを使って具体的な形にしていかなければ意味がない。

現実社会を見渡せば、大学を出ていなくても大きな成功をおさめているビジネスパーソンは多い。そこからわかるのは、机の上で学ぶこともいいが、実際にビジネスをすることで学べることが多いということだ。東京には株式会社だけで六〇万社超あるが、「どうやって営業しているのだろう」といつも考えてしまう。儲かっている会社もあれば、それほどでもない会社もあるとしても、それなりに成り立っているのは、ビジネスをするうちに身についた何かしらの知恵があるからではないだろうか。

働くということは、世に出てリスクを取るということだ。アカデミックな学問も大事かもしれないが、この厳しい社会を生き抜いていく力をつけるためには、自分が持つ能力のすべてを投入して働くことが、何よりも大事だと思う。ラボという小さい枠の中で勉強ばかりしているのはもったいない。私が海外に出て、訪れた先々で働くという体験を積み重ねているのもそういった理由からだ。だから私は、どこの世界でも、誰とでも生きていくことができる確信を持っている。

座学ばかりをしていると、頭の中だけで思考がピタッと止まってしまうことも多い。しかし、学んだことをベースにして社会で行動を起こして何かしらの形にしていかなければ勉強する意味はない。

私は科学者ではないけれども、サイエンスも大好きなので独学を続けている。ビジネス＝プロフィットという定義に照らすと、全くプロフィットが出ないことをしているわけだ。むしろ自分からお金を出して学んでいるが、それがいつか自分のところに戻ってくると信じている。そのときのための先行投資であり、いつも社会で生きるための勉強をしたいと考えている。

器を大きくするために自分にプレッシャーをかける

極論すれば、人生は生きることと死ぬことしかない。それを前提として自分の人生設計を考えると、限りある貴重な時間を無駄にしたくない。だから私は常に積極的に何かしらの行動を起こしてきた。そんな自分になったのは、おそらく一歳半からピアノを弾き始めて、八歳から舞台に立っていることが大きく影響しているのだろう。子どもの頃から常に大きな圧力鍋の中に入れられて、プレッシャーをかけられ続けていたようなものだ。

プロスポーツ選手も似たようなものだろう。ハイ・パフォーマンスを出すために、彼らは大変な努力をしている。トレーニングもそうだし、大会に出て期待された成績が上げられなければ「そんなんじゃダメだ」と叱咤される。常にプレッシャーがあり、それを超えていくところで大記録が生み出されているのだ。

要するに、ハイ・パフォーマンスを出すためにはプレッシャーが必要で、それがないと器が大きくならないということだ。今のままの自分でいいと納得すれば、苦労をしようとは誰も思わない。

当然、常にそういう状態に自分を置き続けると疲れる。そこで大事になるのが、自分のパフォーマンスを支えるための準備で、その中心になるのが食生活である。身体に栄養がしっかり行き渡らなければ何をやってもうまくいかないからだ。英語にYou are what you eat.（身体は食事をしたものからできている）という言い方がある。ガソリンエンジン車にハイオクガソリンを入れるとハイ・パフォーマンスな走行をしてくれるが、重油を入れてもエンジンはかからない。それと同じで、ろくでもない食生活をしていると、ろくでもないパフォーマンスしか出すことができない。せっかく素晴らしい脳を持っていても、毒を含んだものを食べていると脳も麻痺してしまう。

私は、スローライフ、オーガニックライフ、アート&サステナビリティに興味があり、地産地消の食材を選んで消費するように心がけている。産地だけでなく、オーガニックな食材、オーガニックにつながる商品を選びたいのだ。食べ物は地球の貴重な資源であり、食を取り巻くお金の流れにも関心がある。ちなみに日本に来てビックリしたのは、オーガニック食品を扱う店が、他の先進国の都市と比べて非常に少ないということだ。

私が自分にプレッシャーをかけるのは、ハイ・パフォーマンスを生み出す環境をつくり出すためだ。プレッシャーをかけないと、満足なパフォーマンスを得ることはできない。言い換えれば、緊張感をアドレナリンに変えるということが重要であり、それがアートを成功に導くための成功の秘訣であると考えている。

もちろん、誰もが同じ方法で行う必要はない。それぞれに自分のやり方があるので、それを大事にすればいいし、自分にはできないことでも誰かができるのであれば、チームを組んで一緒に行うのもいいと思っている。

私は、アートに関連するイベントなどで、以前と比べリーダー役を引き受けることが多くなった。リーダーなんて柄でもなく、本当はやりたくないが、引き受けようと思うようになったのだ。五歳、一〇歳、一五歳のときの私が今の私を見れば、「こんなに人見知りの人間がリーダーシップを発揮しているなんて信じられない！」とビックリするに違いない。

しかし、四〇年も生きていると人は変わる。今の私は人見知りを克服して、人間が大好きになり、自分をうまく外に向かって表現できるようになった。これは、さまざまなプレッシャーを経験するうちに身についたことだ。自分自身で変えようとしない限り、自分のことは誰も変えてくれない。これは当たり前のことだけれども、大事なことである。

アーティストには、人見知りの人間が多いように思える。今の私であれば自信満々の起業家たちが大勢いるシャンパンパーティーであっても、自信を持って演奏できるが、一〇年前は本当に人見知りだった。でも、インデペンデント（独立した立場）でやっていくためには、自分を変えていかないといけないと自分自身を奮起させ、自らを変えていったのだ。

私は二〇歳までは本当に友だちがおらず、クオーターということもあってずっといじめの対象だった。でも、そんなときでもサムライの末裔として振る舞うことを意識し続けていた。

こんな経験もしている。八歳のときに、祖母が着物をつくってくれた。それが嬉しくて、学校に着物を着て行ったら同級生に突然殴られたのだ。彼らの親は日本人を馬鹿にして、ジャップスとかニップスといった差別的な言い方を子どもたちに教えていたようだ。それに子どもたちも反応して、私はいじめの対象になったのだと思われた。

私自身は孤独で一人の時間が多く、いつも何かしら考えていた。今でも孤独であることは変わらない。毎日の食事もほとんど一人で取っている。でも、孤独であることに自分が慣れたというべきか、孤独は仕方ないと思うようになった。自分がやろうとしていることも含めて、なかなか理解されないのは仕方ないが、孤独であるからといってダメというわけではない。今の私は一人で悩み苦しむ時間があったおかげで、これまで成功を収めることができたのだと、断言できる。

孤独というものは、現代における全世界的な課題として問題視されている。二〇一八年、イギリスでは世界初となる孤独担当大臣が誕生し、日本でも世界で二カ国目となる孤独・孤立対策担当大臣という役職ができた。ウェルネスやマインドフルネスやウェルビーイングが世界中で流行っているのも、そうした背景があるのだろう。孤独や孤立に対する具体的な解決策はまだわからないけれども、しっかりとこれらの問題に対して私たちも向き合っていく必要がある。孤独を解決するための手段として、アートが社会に対して果たすべき役割も、ますます重要になっていくだろう。

私が考えるアートの一つの意義として、人々に未来を提示するということがある。ポジティブな未来を描くことで、みんなを元気づけたい。もちろん事実をはっきりと見せることが大事なのは、想定される未来を知ることで、元気が出るということもあるからだ。

クリエイティビティは、オートメーション化できない

孤独の問題もそうだが、今はさまざま社会問題から人間を守っていくべき時代になった。毎日の生活がＡＩとロボティクスとアルゴリズムに支配されているように感じる人も多いのではないだろうか。「Alexa, turn off my lights」（アレクサ、ライトを消して）と言えば灯《あか》りが消えるのは便利だろうが、そんなことはＡＩに頼らなくても自分で電源をオフにすればいいだけのことだ。

私が初めて東京を訪れたのは、一五歳で高校生のときだった。広島県出身である祖母の手術のために、祖母と一緒に来日したのがきっかけだ。そのとき、コンビニエンス・ストアが至る所にあり、あらゆるところで自動化が進んでいることに驚いた。タクシーのドア

も自動で開いた（オーストラリアでは手動だった）。改めて考えてみれば、日本はオートメーション化への移行が早かったように思う。その結果、今では何でも機械に依存するようになってしまったのではないか。

しかし、時代が変わっても、クリエイティビティはオートメーション化（自動化）できない。ＡＩの持つ能力は、人間の脳が持つ能力内にある。なぜなら、ＡＩもロボットもアルゴリズムも人間が創り出したものだからだ。ＡＩが人間の能力を超えない限り、われわれもオートメーション化されないはずである。

テクノロジーと共に生きていくことも、自然と共に生きていくことも、基本は一緒だと思っている。テクノロジーは日常生活を非常に豊かにしてくれるし、グローバライゼーションが進み、人々はより世界と接続しやすくなった。その一方で、便利さを手にすることによって人間がどこまで人間らしさをなくしてきたかについてもいま一度よく考えてみるべきだろう。テクノロジーを使えば簡単にできたとしても、それに依存しすぎることで人間の持つ素晴らしい能力が失われてしまっては本末転倒である。これからは、自然の摂理に反しない程度にテクノロジーを活用することが大切になってくる。テクノロジーに操られるのではない、人間がテクノロジーを使うのである。

複雑な問題を解決する際も、安易にテクノロジーに頼るのではなく、クリエイティビティを大いに発揮して、昔ながらの人間の営みに沿ったシンプルな解決方法を考えるべきだ。たとえば、新しい法律をつくる際に、法律家だけで法律を考えても意味がない。コミュニティの精神が反映されていない法律であれば無用の長物である。

私が現在かかわっている岩手県陸前高田の町づくりに関する問題も、そこにつながってくる。現地の人たちの心、苦しみ、未来性を何も考えずに、政治家が自分たちの都合で町をつくろうとしている現状を目の当たりにしてきた。本来、政治家の仕事というものは現地に頻繁に足を運び、そこに住む人たちの話に耳を傾け、彼らの意見を政策や計画に反映していくべきものだ。しかし現実には、現地の人たちの考えは無視され、政治家たちに都合のいい町をつくっているだけだった。

最近、こういう場に呼ばれる機会が増えてきた。課題解決の場面にアーティストを入れることで、新しいアイデアを出してもらうというやり方だ。そうした場で社長たちとミーティングを行ったところ、どことなくバカにした口調で「アーティストが一人いたら、違う観点で問題解決ができるんですね」と言われた。本音では、「アーティストごときに何ができるんだ」と思っているのだろう。

そこで、「私はクリフォードチャンスで、リーマン・ショックのファイナンスに対する弁護もしていました」と言うと、彼らは途端に黙ってしまった。日本人は、肩書に弱すぎる。世の中は肩書がすべてではなく、スーツを着てネクタイを締めた人ばかりが世の中を動かしているわけではないということを、ぜひ知ってほしい。

よりレジリエントでウェルビーイングな社会を実現させるためのリーダーになるのであれば、多様な人の意見を聴いた上で、それぞれの生き方、ライフスタイル、マインドセットも含めて彼らと一緒に考え、行動に移す必要がある。コロナ禍を機に大きく世界が変わろうとしているのだから、今までの成功体験は、すぐに捨てたほうがいいのだ。

「まず自分を知ること」、それが世界で評価されるための第一歩だ

自分が世界で認められるようになるためには、どうしたらいいだろうか。自分を受け入れてもらえる場所をつくるためには、そして、自分を認めてくれる人と出会うためには、どのようにすべきか。

私は一五歳のときにダライ・ラマ一四世の前で演奏を行った。そのとき、彼は「他人と

対面するときは、まず自分のルーツを知ることだ」と言った。

私は、トップレベルの人と面会すると好かれる傾向にあるように感じる。なぜそうなのかを分析すると、一つは、確固とした自己を持っているからだろう。言いたいことははっきり言うし、目指すべき明確な方向があるので、自分の意志表示を示すようにしている。私はいろいろな活動を行っているが、ビジネスでいい関係をつくっていくためには、明確な目的がないと何もできない。だから、「自分を知ること」は、リーダーシップにつながることなのだ。

また、時間を無駄にしないことも肝に銘じている。パーティーに行ったとする。そこに一〇〇人の出席者がいれば、その中で一人でも気が合う人と出会えればいいと割り切るべきだ。最初はそのことがよくわからずに、みんなと名刺交換をしようとしていたが、あるときそれが全く無駄なことであると気づいた。

一人でも気の合う人が見つかれば、その人と名刺交換をして、「じゃあ、次、また会いましょう」と言って会場を後にする。無理をしてパーティーが終了するまで気の合わない人と居続けるのは、無意味である。

人間の面白いところは、自分がオープンマインドの状態でいれば、何も言葉に出さなくても相手が関心を持って寄ってきてくれることだ。

表参道にあるフランスの有名ブランドのショップ・オープニングに呼ばれていったとき、会場に入るとすぐにその社長が挨拶に来た。彼は、私が発する気を感じ取ったようだった。自分と同じ気を持っていることが、感覚の鋭い人にはわかるのだろう。だから、自分自身がいつもどんな気を発しているか、よく理解していなくてはいけない。暗く後ろ向きの気を発している人のところには、チャンスが巡ってくることはないだろうし、明るくてやる気に満ちた気を発している人のところには、チャンスが集まりやすい。だからまず必要なのは、「自分自身をよく知ること」なのだ。

私の活動状況を日本語で表現すると「元気」という言葉がぴったりくる。これは英語にはない言葉だ。同じく日本語にあって英語にはない言葉として「空気を読む」という言い方があるが、元気や空気の気というのは、私に言わせるとシャーマニズム（原始的宗教）の言葉である。元気な人は元気な人を引き寄せる。自分と気の合う人と出会うことが、成功への近道であると私は考えている。

便利な社会が、バーチャルな自分とリアルな自分に分裂させる

ＩＴの発達によって、フェイス・トゥ・フェイスのコミュニケーションの機会が減っていて、コロナ禍のリモートワークがそれに拍車をかけている。そのせいか、特に若者の中にはアドバイスをしても聞く耳を持たず、常に自分を主張する人が増えているように感じる。

ＳＮＳを見れば、それは一目瞭然だ。「私はこう思います」「私はこうしました」「私が食べているのはこれ」「私が行ったのはここ」……と、いたるところに「私」があふれている。相手の気持ちをはかるという前提で発信しているつもりかもしれないが、実際には、自己主張をしているだけにすぎない。そして、自分とは違う意見を持つ人をひどい言葉で批判したりする。その結果、これらの批判に耐えかねて心を病む人が出てくるほど、ソーシャル・メディアの悪夢が生まれている。

今までフェイス・トゥ・フェイスのコミュニティの中で存続していたはずのものが、ネット社会で明らかに変わってきている。たとえば今は、自分が食べたいものを誰とも話さず注文でき、家まで届けてもらうことができる。映画館にもビデオショップにも行かずに

配信で映像を観ることができるし、出社しなくてもテレワークで仕事ができる。このように人間を孤立させる社会がどんどんつくられていっている。私はこのような社会の動きに反対だ。

ＩＴやＡＩに依存して人間が孤立して生きる社会において、人間がバーチャルな自分とリアルな自分に分裂し、多重人格的に生きることになるのではないか。そこでは気がつかないうちに、バーチャルとリアルを混同してしまう危険性がある。

常にリアルな自分を見つめるということは、なかなか大変なことだ。私はときどき鏡に映る自分をしっかりと見て、「私はどういう人間なんだろう」と考えるようにしている。そうやって等身大の自分を確認するわけだ。しかし、こんなことをしない人が、増えたように思う。

自分自身を深く見つめることから逃げる人は、バーチャルな自分であれば何をしても許されると考える傾向にないだろうか。バーチャル空間においては、人目をはばかることなく他人をバッシングすることができるし、人をいじめることもできる。自分に向けられた批判が気に入らなければブロックすればいいだけで、面倒くさくなればアカウントを消すこともできる。全く無責任というほかない。

SNSの素晴らしさは自由な発言が行えることであったはずなのに、今ではAIとアルゴリズムによって、発言の自由が完全に保証されているわけではないことがはっきりしてきた。フェイスブックもプライバシー保護をめぐって各国で訴訟が起きて裁判となり、オーストラリアではフェイスブックは莫大な賠償金を払わされることになった。一〇年前にSNSを最初に開発したときは、ネットワークをより速く楽しく構築できると思ったのだろうが、それは逆にわれわれを操るツールと化してしまった。

人間には、いろいろなことを習慣化してしまう癖がある。たとえば、毎日起きるとき、寝る前に、スマートフォンをチェックする人は多いだろう。それはスマートフォンが存在しなかった時代にはなかった癖だ。ところが、今は私たちの一日の行動の中に組み込まれている。

これが、人間にとっていいものなのかどうかが問題だ。それはコミュニケーション力の変化だけでなく、健康の面にも大きな影響を及ぼしている。かつて人間はもっと社交的だった。町で知り合いに会えば挨拶をし、立ち話をした。商店の人や見知らぬ人とも話をする機会がたくさんあった。特に都市ではそうした機会がかなり減ってきている。

コロナ禍でバーチャル・ライブをするアーティストは増えている。それは経済的な問題ともかかわった苦肉の策と言えなくもないが、私はいまだバーチャルなイベントを開いていない。バーチャルで何かを実施することに疑問に感じているからだ。去年、ローマにある某大使館の文化担当者からバーチャル・ライブの依頼をもらったが断った。仕事としてはお金になるが、自分のポリシーを曲げるわけにはいかなかった。

これから述べることは、武士道から学んだ考え方である。一六歳のとき、私はオーストラリア在住の日本人が指導するヨガ道場で武士道を体験した。正座をして一時間念仏を唱えたり、朝の五時半に起きて側溝の掃除をしたりといった非常に厳しい規律が課せられた。その道場で学んだことが、今の自分の考え方や行動様式の基本になっている。

体験後、他人の顔を見ると「この人は嘘にまみれた人生を送ってきたな」というようなことが読み取れるようになった。アートに関心を示す経営者の中には、金儲けのために、環境を破壊し、人権も無視した企業活動をしてきたような人もいる。アートのコレクターにも、貪欲な稼ぎ方をする人がいる。

アーティストの中には、お金をもらえて自分の作品を作れるのであれば、その背景にあるものはどうでもいいとみなす人もいるが、私はそうではない。いくら高額のオファーがあったとしても、自分のポリシーとは異なる仕事は決して受けない。だからバーチャル演奏もしなかった。こんなことを言うと、「ベンちゃん、怖いな」「調子に乗っているな」と言われるかもしれないが、アーティストが自分自身のポリシーを曲げたら終わりだ。私は一度も曲げたことはないと断言できる。

社会人経験を積むことで、システム思考が得られる

アーティストが社会人経験を積むことは、システム思考を得るうえでよい機会になる。システム思考とは、世の中はシステムで動いており、その中にはルールが存在し、ルールがあるからこそシステムが円滑に回っているとする考え方である。そのうえで、ルールからあらゆる規則性を見出し、物事を大局的に見つめることで解決策を導くことが可能になるのだ。

アーティストから見ると、毎日、満員電車に乗って通勤する人々の姿は決して楽しそうではなく、ロボットのように見える。だから、特に音楽の世界では、社会のルールやシステムを批判するような歌詞も多い。

しかし、そういった社会のシステムがわかっていないと損することになる。それを批判

するのであれば、なおのこと相手を熟知しなくてはいけない。私はシステムをすべて知りたくなり、社会人を経験することにしたのだ。

世の中を動かしているシステムを知ることで、自分がそのシステムの中で、どういうタイミングでどういった行動をすればいいのかがわかるようになる。人生でロスはしたくないし、時間も、お金も、恋愛も、友だちも、何でもプラスの方向に持っていきたい。これはほとんどの人が同じ意見だろう。

訴訟専門弁護士の仕事は、法の抜け穴を見つけ依頼人の弁論・弁護を行うことである。もちろん、法に定められた厳然としたルールはあるが、最終的な判決はすべて主観的な判断によってなされている。だから、勝つか負けるかという話になってきたときは、法を熟知したうえで、丹念に法の抜け穴を探す必要がある。すると、必ずどこかに抜け穴が見つかる。そこにつけ込むのか、あえてノータッチにするかは、ケースバイケースだが、抜け穴があるとわかって弁論・弁護をするのとわかっていなくてするのでは、結末がかなり違ってくる。このような事例を、弁護士時代に数多く経験してきたが、クライアントの情報を表に出してはいけないため、詳細をお伝えできず非常に残念だ。

私はずっと、世の中を動かすシステムについて知りたいと考えていた。物事がどう動いているのかについて興味があったからだ。最初、法律の勉強は非常につまらないものとして感じられたが、ルールにも抜け穴があることがわかると俄然、面白いものに変わった。

世の中にルールが必要であることは、非常によく理解できる。私はカオス（混沌）が好きだけれども、カオスだけでは限界がある。そのカオスの中から何らかの形を生み出すために必要なのが、ルールである。しかし、そのルールが必ずしもいいルールばかりではない。それも法律を勉強してわかったことだ。

法律で言えば、三〇〇年も前にできたコミュニティ・スタンダードに基づくものが、今でも使われていることがある。それはどう考えてもおかしいのだが、おかしいのでそれを変えようという動きがあっても、そう簡単には動かないのが法というものなのだ。システムの中でそれを変えていくのは非常に難しいので、システムの抜け穴を探すわけだ。

ルールは、誰にでもわかるものでなくては意味がない。たとえば、赤信号であれば止まれ、青になれば進めということは、子どもでもわかる。だから、社会のルールとして認められているわけだ。そこに突然オレンジの信号が現われると、「これは行っていいのか、だめなのか」と考えてしまう。その結果、止まる人もいれば、進む人もいるだろう。抜け穴というのは、そういうことだ。つまり、単純で表面的なルールであっても丹念に調べ続けると、オレンジの信号のようなものが見つかるわけだ。だから、白黒がはっきりしないグレーゾーンというか曖昧さのある部分を見つけ出して、それをうまく活用することができる。これが、私が仕事を行ううえでの発想の原点である。

法律を勉強し、弁護士として実務を経験することによって、私はそういった知恵を身につけてきた。だから、アーティストであっても社会人経験を積むことは重要で、経験を積んだからこそアーティストとして自立することができているのだ。このような考え方は、いろいろな立場の人や場所でも通じると思う。

社会にはすべてルールがあることを前提にして、世の中に存在するシステムを把握しておく。そうすれば、自分がその中でどう行動できるか、どう行動すればいいのかを冷静に見極めることができるようになる。何も知らずに行動するよりも、知っているほうが、時間の無駄やリスクの回避が可能になる。

私が初めてカンボジアやロシアに行ったときは、その国の社会について何も知らない状態だった。むしろそうしたのは、真っ白な状態で訪れたほうが、変な思い込みでそれらの国々を見なくて済むと考えたからだ。それでも何とかなったので、はっきりとした目的があって行くのであれば、どの国であれ問題はないだろう。

私がこのように自信を持って言えるのは、自分の生き方のリズム、生きるための術をしっかり持っているからだ。これまで世界一六カ国（オーストラリア、ニュージーランド、アメリカ、イギリス、フランス、ドイツ、イタリア、オーストリア、トルコ、ロシア、カザフスタン、ジョージア、タイ、カンボジア、ラオス、日本）で仕事をしたことがあるので、今やどこに行っても成功できるという確信がある。自分のポリシーがしっかりしていれば不安はない。前にも述べたように、自分自身を知ることにより、本当の自分と出会うことができるからだ。

ルールには必ず抜け穴が存在する。自分自身を知ることによって、その社会のどこに自分自身にとっての抜け穴があるのかも見えてくるのだ。私が、世界的な法律事務所であるクリフォードチャンスで訴訟専門弁護士として働いて得たことは、ルールを知り、ルールの抜け穴を見つけ、それをシステムの中でどのように活用していくかだった。

私はカンボジアのNGOで人権活動もしていたので、商業ベースで訴訟する大手企業をクライアントに持つクリフォードチャンスに所属していることが、自分でも不思議だった。当時はヒップホップ・バンドに入ってオーストラリアの国内ツアーも行っていた。ロン毛だったので、保守的な名門国際弁護士事務所に採用されるはずはないとも思っていたが、二四歳のときに、日本で活躍する国際弁護士になりたいという願望を一度だけ日記に記したことがある。想像すれば夢は実現すると言われているが、後に夢として叶ったので驚いた。

何度かの厳しい入社面接を経て、いざクリフォードチャンス日本事務所に採用が決まると、本当に入社すべきなのかどうかを思い悩んだ。しかし、すでに弁護士資格を取得していて、「石の上にも三年」という日本の有名な諺も知っていたので、挑戦することに決めた。そのため、オーストラリアでのアーティスト活動を一度ストップしてから、わずか三週間で日本にやって来たのだ。それから、毎日スーツを着てクリフォードチャンスの事務所がある溜池山王に通勤する生活が始まった。

しかし、入社してみると、予想どおり同僚とは全く気が合わなかった。私は社会正義を実現するために弁護士になったが、同僚は金持ちになるために弁護士になったという人が多かったため違和感を覚えた。これは、医者などの世界も同じだろう。それでも社会人として得た経験はいろいろあったし、弁護士事務所だからこそ得られる情報に数多く触れることもでき、本当に貴重な経験を積むことができたのは財産である。

毎日遅い時間まで仕事を頑張ったこともあって、半年で一億円ほどの収益を事務所にもたらすことができた。そのとき二七歳だったので、「これは凄い」と自分自身を褒め称えた。ビッグ・ビジネスがすべて汚くて悪いというわけではない。社会や会社のシステムについていろいろ勉強することはできたが、結論としては、それらは私のミッションではなかった。

特筆すべきは、クリフォードチャンスにいたときに、二〇〇八年九月に起こったリーマン・ショックという世界の方向性を変えた大事件に遭遇したことだ。リーマン・ショックは、私が退職を決意するよいきっかけになった。もう少し続けたいという気持ちもゼロではなかったが、潮時だと感じた。結果的には、クリフォードチャンスを退職したことにより、自分が本格的に歩むべき道が定まったのだ。

アーティストシンキング＝クリエイティビティ×交渉力×行動力（突破力）

クリフォードチャンスに在籍していたときに稼いだお金は、アーティストとしての活動を始める際の資金となった。当時はアーティストとして活動するための環境がよかった。今は、コロナ禍ということもあり、東京でアーティストとして活動するのはほぼ無理だろう。アーティストにとって市場がなければ、活動できないどころかリスペクトを得ることもできない。

だから、まず市場をつくるところから始めなくてはならない。「アートは嫌いですか」「音楽は嫌いですか」と聞けば、「嫌い」と答える人はあまりいないだろう。そうであれば、資金を援助してほしいとお願いしたいところだが、一般の人にそう伝えたところでアーティストを支えるシステムを改善することはできないので、あくまでも企業レベルの話し合いが必要になる。

そのときに企業の方々に理解してもらいたいのは、ビジネス＝プロフィットとは考えないでいただきたいということだ。

「アートの支援をしてもあなたの会社にすぐ利益が入ることはないかもしれない。だから、対価は求めないでほしい」という話をいつもしている。ただし、アートによって幸せになりレジリエンス（困難や脅威に直面してもうまく適応できる能力）を得ることができる従業員が増えることで、労働効率は上がるだろう。それに伴い、会社の利益も上がるという考え方もできる。それを、ビジネス＝プロフィットだけで「アートとかかわるとどういうふうに利益とつながるの？」と聞かれたら、残念ながらアーティストを支援する意味が理解されていないと言わざるを得ない。

たとえば、パンデミックで外に出られないので食事をどうするのかとなったときには、ウーバーイーツに頼めば問題は解決できる。それに比べると、アートはもっと抽象的であり、表層的な効果は計測しづらい。しかし、最近のウェルビーイングを志向する社会において、アートが、リラクゼーションやマインドフルネスなどと同様に、人々のストレスを軽減する役割を果たす存在であるのは疑いない。プロのアスリートによる身体の躍動を視覚としても聴覚としても感じることで、観客はポジティブなエネルギーをもらうことができる。アートは直接的なものではないかもしれないが、世の中における、より複雑な問題を解決するために役立つものだ。これはスポーツも同じだろう。

そう考えると、アートはビジネスに対してより大きなプロフィットを創り出すために役立つのでないだろうか。最近、日本でもこの点に気づく企業が増えてきている。世の中全体でアートの重要性についての認識が広がってきているのは、間違いない。現にアートをテーマとしたビジネス書もたくさん出てきているし、講演会も開かれている。

私自身が活動する中でも、アートへの関心の高まりを感じるようになった。特に地方創生にかかわる町づくりのレベルでアートを活用したいという話をよく耳にするようになったし、私も、そこで自分に何ができるのかと考えることが増えてきた。

しかし、どこかピント外れな印象が残ることもある。アートに対する関心と言っても、結局、アーティストをビジネスに利用しようとしているように感じるからだ。地方創生という言い回しも、あまり好きではない。今までのシステムに「つぎ足す」のではなく、新しい仕組みを創り出すという意味で、地方創生ではなく、コミュニティ・ビルディングでなくてはならないと考えるからだ。

もちろん、アーティストもビジネスと無縁な場所にいることはできない。お金のことを心配せずに一〇〇%純粋な作品づくりに集中することができる時代ではないからである。そこでアーティストが苦労するのは、どうやって自分の価値を上げていくかだ。

最初のうちは、アーティストにとって自分の作品がお金になることが何よりも嬉しい。私も自分の演奏できちんとした報酬をもらったときは、すごく幸せだった。でも、現実的には、いつまでも同じ報酬で続けることは難しい。そこで五万円の報酬を何とか五〇〇万円にできないかと考えるわけだが、その方法がわからない。だから、他人の力に頼ろうとマネジメント会社と契約する人もいるが、変なギャラリーやキュレーターがつくリスクもある。中途半端な状態でビジネスが展開されると、アーティストは使い捨てにされかねず、結果的に自分自身の安売りをしてしまうことになることが多い。

私が、アーティストを支援するパトロンの必要性を強調するのもこうした理由からだ。今は、昔のようなパトロンはいない。その代わりを、企業などの法人が担っているが、同じようなパフォーマンスを提供しても、企業は基本的にプロフィット（利益）を求める存在である。ビジネス＝プロフィットが基本定義だとしても、私はアートに関しては、ゼロ・プロフィット＝ビジネスチャンスというふうに定義を言い換えたい。たとえ利益がゼロだとしても、それが次のビジネスチャンスを生み出すことにつながる。私自身もこのようにアートを捉えてもらいたいと主張し、活動している。

アートを仕事にしていくために必要なことがある。アーティストとしての能力であるクリエイティビティを持つことは当然だが、交渉力や行動力あるいは突破力といった現実社会を動かす能力が不可欠である。クリエイティビティだけが優れていても、交渉力と行動力がないと、なかなか物事が前に進まないのだ。

アーティストが自分を安売りすることなく、自分のやりたいことを実現するにはどうすればいいのか。答えはただ一つ、「自分の価値は自分で決める」ということだ。これは、どんな交渉事にも共通することである。仮に五〇〇万円もらいたいのであれば、はっきりそのように伝えればいい。相手がその額を気にいらなければ、「さようなら」と言ってすみやかに次のパトロンを探しに行くだけだ。いちいちそこでめげたりあきらめたりしているようでは、生存競争の厳しいアーティストの業界で生きていくことはできない。

交渉力や行動力・突破力というのは、クリエイターやアーティストが自分の望む活動をしたい場合、絶対に身につけなくてはならない能力である。そのためにも、社会人を経験しておくと活用できることがたくさんあるのだ。

音を聴き、目で見て覚えるアナログ・プロセスを大事にする

今、アーティストの世界で一番のトピックは、デジタルとアナログをどのように融合させるかということだ。これはバーチャルな自分とリアルな自分をいかに融合するかと同じことである。

最近の子どもたちに「卵はどこからできるか」と聞くと、ニワトリであることを知らない子も多いと聞くが、すごく悲しい話だ。いや、悲しいでは済まされない。自分の食べている物は、どういう人たちがつくっているのかを知らないのは、本当に危険な状況である。

アナログの体験という意味では、鶏小屋に行って産みたての卵を自分の手で集めるようなことも必要になるだろう。

機械のすべてがデジタル化されているわけではない。でも、AIのようにデジタルのアルゴリズムがすべて判断してくれるというのは、ポスト・ヒューマンというかハイブリッドな世界がすでに訪れていることを意味する。だからこそ、子どもたちにはアナログ・プロセス（工程）を体験させることが、絶対に必要なのだ。

デジタル・プロセスを表面的に眺めるだけでは、デジタルを動かしているアルゴリズムがどのように働いているかがわからない。でも、「今日はお餅を作ろう」と思ったときに、蒸した餅米を臼に入れて杵でつくというアナログ・プロセスを体験しておくことで、どうやって餅米から餅ができるのかがはっきりと理解できる。

私が興味を持つ武士道も同じだが、勉強するのではなくて、見て覚えるというのは、非常に大事なスキルである。私が一歳半で音楽を始めたときに通ったスズキ・メソードも、音を聴いて覚えるところから始まった。料理もそうだ。私は料理が大好きだが、レシピを基に作るよりも、誰かが目の前で作っているのを見て理解したほうが、早く覚えられる。

このように音を聴き、目で見るといったアナログ・プロセスで覚えることこそが、大事だ。今は何でも最初から形ができているので、五感を使って覚えるような機会が少ない。若い人たちが持つ価値観に関する問題もここに原因がある。プロセスがわからないから、セオリーのみで「当然、こうなるはずだ」と思い込んでしまう。

アナログ・プロセスは、日本では〝職人業〟という言葉でも表現される。今はまだ日本全国に、その土地に根づいた職人業を持つ名人たちがかろうじて残っている。彼らは間違いなくクリエイターでありアーティストでもある。そうした人たちを日本はもっと大切にし、リスペクトするべきだろう。

知識が知恵になるという意味においても、見て覚えるというアナログ・プロセスはとても大切になる。

スキル交換でものをつくる「サービス・エクスチェンジ」という考え方

アート制作を仕事としてお金を生むためには、結局のところ、パトロンの存在が欠かせない。それが前衛的な作品であればなおさらだ。しかも、アーティストを一人で支えるのではなく、インセンティブを求めず、無条件で成功を祈るたくさんのマイクロパトロン

（小口支援者）が必要だ。

オーストラリアにいたとき、マーケティングとブランディングの会社が三カ月間、私が二〇〇九年に設立したクリエイティブ・エンタプライズ「contrapuntal（コントラパントル）」のブランディングを担当してくれた。何度もミーティングを繰り返したが、金銭の支払いを全く求められなかった。これが一つのパトロンの例だと思う。

みんな、「パトロン＝お金」と考えがちだが、「パトロン＝サービス・エクスチェンジ」という見方もできる。別の言い方をすれば、「プロボノ」、つまり社会的・公共的な目的のためにプロフェッショナルが持つスキルや専門知識をボランティア活動として使うことでもある。

オーストラリアのマーケティング会社と契約して私のブランディングをしてもらうとなると、三〇〇万円ほどかかる。でも、彼らは私に「三カ月間、無料でやってあげます。何も見返りは必要ありません」と言ってくれた。無条件で、何一つ見返りを求められていない。もちろん、ベンジャミン・スケッパーのブランディングを行ったということが向こうにとっては価値を上げるという見方もあるが、そこにお金が介在しているわけではない。単にベンジャミンの成功を祈っての純粋な行動である。

たとえば、私がアルバムをつくろうとするときに、レコードレーベルではなく、プレス会社が「ベンジャミンの音楽がすごく好きだから半額にしてあげる」と引き受けてくれたとする。それも一つのパトロン・スタイルだろう。無償ではないが、私の音楽を応援するために半額にしてくれたわけで、見返りは何一つ求められていない。

このように、マイクロパトロンをサービス・エクスチェンジと考えれば、より多くの人の参加が見込めるのではないかと私は考える。確実にプロジェクトを成功させていくためには、全額を支援してもらえれば一番嬉しいが、それはあくまでも理想のかたちである。

私の岩手でのプロジェクト「OUR STORY by BENJAMIN SKEPPER : FOR OUR FREEDOM in Iwate」をドキュメンタリー・フィルム・シリーズにする計画もあったが、いきなりポンと全額を出してくれるパトロンは見つからなかった。そこでワン・エピソードだけ撮って、それを基にスポンサーを探すことにしたが、まだインスピレーションを感じる人たちに出会えていない。

ただし、ここでも一つのサービス・エクスチェンジが実現した。写真家の緒方秀美さんと私との間で行われたものだ。彼女が私を撮り、その写真は雑誌の取材で使われ、彼女のプロフィールも掲載された。金銭的なやり取りはないものの、私たちにとってメリットを得ることができたわけだ。これはマイクロパトロンというより、パトロンシップと呼ぶべきかもしれないが、サービス・エクスチェンジの関係になっているとも言える。

このようにパトロンには、二つのかたちがあるだろう。一つは無条件でお金を出して、見返りは一切求めない寄付のようなもの。もう一つは、アーティスト同士のスキル交換により お互いを生かすというものだ。特に後者は、非常に価値を生むことができる上に、お金がかからないという素晴らしいやり方だ。

スキル交換の手法は、ビジネスの世界では存在するものの、多くのアーティストはそれと同じことができることに気づいていない。たとえば、三カ月、誰かと一緒にある物をつくったとする。本来、作業をお願いすれば支払いをする必要があるが、スキル交換なので、この時点ではお金は発生しない。このようなスキル交換という手法を使えば、動画や曲の制作、録音なども、費用をかけずに行うことができる。その後、できあがった物を売って、売上を折半することで、かかわった人たちが利益を得ることが可能になる。スキル交換は、プロセスにお金が介在しない面白いやり方である。

また、これと似たものとして、アーティスト同士でそれぞれのアート作品を交換するという方法もある。

このように、私はお金が介在しなくてもいろいろな創作ができる新しい形をアーティストに広めたい。現在のクラウドファンディングであれば、一〇〇〇円から三〇〇〇円程度の支援が多いだろう。三〇万円も五〇万円も出してくれるパトロンは、クラウドファンディングではほとんど見つからない。そのため、スモール・マネーをたくさん集めることを目的にするが、アーティストにとっては相応の見返りが求められるため、集めたお金の半分以上は、グッズの製作費用などに持っていかれてしまう。私に言わせれば、これはただのウェブショップだ。

一〇〇〇円でも一〇〇〇万円でも「無条件であげますので、どうぞご自由に素晴らしい活動をしてください」とアーティストに言うのが、本当のパトロンである。そのマインドセットに切り替えるのはなかなか難しいかもしれないが、実際にそういう人は存在する。ただし、ただ単に「お金をください」では詐欺師に見えてしまう危険性もあるので、きちんとしたプロジェクトとそれをうまくかたちにするためのシステムを自分でつくりパトロンに示す必要がある。それはアーティストが責任をもって行わなくてはならないことである。

人間を中心に置いてテクノロジーを考え直す

私たちは、テクノロジーをつくる側のマインドセットにはなかなかなりづらい。それでも初めてiPhoneが発売されたときには、たくさんの人が行列をつくって買い求めた。それは「このテクノロジーは一体何だろう」という好奇心が掻き立てられたからだろう。しかし、スマホの中毒性といった問題が指摘されている現代において、当時発明し開発した人が、本当に人間のことを考えてつくったかどうかについては疑問を感じる。もちろん自分が得するようにテクノロジーを使うことは、悪いことではない。しかし、ヒューマニズムの観点から言えば、得することを考える前に、なぜこのテクノロジーを使うのかについて、もっと深く考えるべきではないだろうか。

そう考えるのは、私がテクノロジーを開発する側にいないからかもしれない。しかし、消費の拡大を目的としてテクノロジーを開発するだけでなく、それが人間の心身にどういった影響を与えるかについて慎重に考えるべき段階にきていると思うのだ。「いいね！」の数が増えれば幸せホルモン（オキシトシン）が出て健康にいい影響を与えるのかもしれないが、そんなことで自分の人生における豊かさの度合いを測ってはならない。

テクノロジーをつくる側の人たちに言いたいのは、もう少しヒューマニズムを考慮して開発を行ってほしいということだ。本来は自分の人生や自分の日常生活にそのテクノロジーが必要なのかどうかを、利用者が判断できる仕組みがいいのではないかとも思う。

一、二歳の子どもにタブレットやiPhoneを渡せば、すぐにスワイプ（タッチスクリーンを指で押した状態で、スライドさせる動作のこと）のような動きを、できるようになる。しかし、箸を持ったり、鉛筆で書いたりすることよりも早くスワイプができることが果たしていいことなのか。何でも便利なほうに持っていくのではなくて、アナログとデジタルのバランスを絶えず考え続けることが大事だ。

せっかくテクノロジーを活用するのであれば、自分の才能にテクノロジーを掛け合わせたときに自分の才能が増幅されるように利用したいものだ。

新しいテクノロジーはバッシングされやすいが、もちろん、悪いことばかりではなく、良さもある。

たとえば、テクノロジーを使うことで伝統文化を守り、再現することもできる。昔のアートや物づくりのプロセスをテクノロジーの力を借りて再現している伝統工芸もある。たとえば、ロボットに人間の手の動きを覚えさせて物をつくらせることができれば、その技術を後世まで残すことが可能になる。後を継ぐ人がいなくなって自然消滅してしまう伝統工芸が出てきている現代だからこそ、テクノロジーを有効活用して、伝統の灯《ひ》をともし続ける方法を見出すべきだ。それは、テクノロジーの力で単に金持ちを長生きさせるよりははるかに大事なことになる。

アナログ・プロセスを守りながらも、普遍的に人類の未来に貢献できるようなテクノロジーの使い方がきっとある。それができるところに、テクノロジーの素晴らしさがあるのだろう。今はそのバランスがかなり崩れて、何でもテクノロジーで解決しよう、解決できるに違いないと人々が考えすぎているような気がしてならない。

インターネットも同じだ。インターネットが発達すれば、オンライン犯罪が増えることが容易に推測される。だから、未然に犯罪を防ぐ手立てを考えておくべきだが、そこはまだ十分にカバーされていない。法律的な問題解決は可能かもしれないが、現実を見ると、法律が後追いとなる場合がほとんどである。それは、人間の想像力が欠如しているということだろう。オンライン犯罪もテクノロジーに偏りすぎているために起こっていることだ。それについて、開発者はどう考えているのか、ぜひ聞いてみたいものだ。

今、述べたのは、主に情報・通信分野のテクノロジーについてだが、他にも、建築、医学、ロボットや機械などのさまざまな分野で、テクノロジー依存の事例が見受けられる。もう少し、人間を中心に据えたテクノロジー、私たちの暮らしに合ったテクノロジーが必要ではないだろうか。

最近ではiPhoneやフェイスブックが「健康に悪い」と言われるようになっている。機種自体もプログラミング・アプリケーションも、これでいいのかが問われている。たとえば、「いいね！」の数で利用者の人気をはかることが適切かどうか。これは、トランプ氏がツイッターでよく行っていた手法だが、ツイッターが誕生した頃、そういう使い方は想定されていなかったはずだ。しかし、自分の利益のために、想定されていなかった使い方を見つけ出し、悪用する人間もいる。先ほどのオンライン犯罪も同じだ。

こうした危険性については、テクノロジーを採り入れていく段階で、つまり開発の段階で想定する必要があるだろう。テクノロジーによる利便性のみを追い求めず、本来人間が取るべき行動を議論しながら開発を進めていくことが不可欠だ。

では、誰がどういった基準でテクノロジーの利用法について判断すべきなのか。法律分野の人権法では、いろいろな人の意見を聞いてまとめなければいけないと考える。心理学者、弁護士、エコノミスト、アーティストといった人たちの意見だけでなく、さまざまな業界の人たち、さまざまな国の人たち、大人だけでなく子どもたちの意見も聞いて、どのようなテクノロジーが本当に必要かを議論し判断することが大事だ。それが「人間を中心に置いて考える」ということだ。その過程で、不必要なテクノロジーは判別されるだろうし、アナログに戻したほうがいいという箇所も見つかるだろう。

テクノロジーの怖いところは、便利になっていく過程で廃《すた》れてしまったものは、簡単には元に戻せないということだ。たとえ戻せたとしても、元通りにするには、非常に時間と手間がかかる。

壊すのは簡単だが、再構築するのは困難だ。だからこそ、壊す前に、よく考えなくてはいけない。特に子どもたちにどんな影響を与えるかという点を最も重視するべきだ。物事についての子どもたちの吸収力は、大人の何千倍もある。だからこそ、子どもたちに何を与えるべきかについては真剣に議論することが必要で、慎重に判断しなくてはならない。

テクノロジーに依存しすぎると人間は怠惰になる

五歳の子どもの描いた絵が、インターネットでは一〇〇〇万円で売れているという事実がある。大人の目から見ると決して上手には見えないが、彼らの絵の将来性が評価されているわけだ。そのため、大人は急いで子どもの適性を判断しようとせず、自ら表現させてみることが大事だ。

私もヨガを始めた当初は、身体が硬かった。それでも時間をかけて続けるうちに、多少不格好だが少しずつポーズがとれるようになった。見た目は関係ない。自分の心と身体に良い影響を与えてくれれば、それでいいのだ。

アートも見た目だけで「これはクオリティが高い」「これは低い」と勘違いされる場合がある。九割のアーティストは偽物であると私は主張しているが、実際「なんでこれが何千万円もの値がつくの?」と首をかしげたくなるような作品も多い。見た目はいいかもしれないが、オリジナリティーが全く感じられないのだ。

クリエイティビティと人間のフリー・スピリットをもっと大事にしなければいけないのだろう。それはオートメーション化(自動化)を志向するテクノロジーには、存在しないものだ。その意味でも、テクノロジーは万能ではない。しかし、人間は最新のテクノロジーに群がる傾向にある。それは人間が怠け者であるという証拠だ。シンプルに言えば、楽に生きたい、楽をしたいということだろう。

ここで、私が昔から興味を持つ禅的思考の話をさせてほしい。例えば歯磨きをするときは、歯の一本一本を意識して磨くことに集中するべきだ。しかし、明日は何をしようかな、寝る前にこれをしなければ、といったようなことを思いながら磨いている人が多いだろう。これでは全く、禅的な歯磨きになっていない。人間というのは曲者《くせもの》で、無意識のうちにいろいろなことをしている。先ほどの朝起きたら真っ先にスマホに触るというのもそうだ。

テクノロジーについて言えば、デジタルネイティブの世代とそれ以外の世代との間には明らかなギャップが存在する。今はお年寄りもスマホを使っているけれども、彼らの使い方は若者たちとは全く異なる。

この一〇年の間に、世界の難民もスマートフォンを持つようになった。つまり、誰でもスマートフォンを持てる時代になったということだ。どれだけの数のスマートフォンが出回っているのか、再生されたものはどこへ行っているのか、われわれにはわからない。実際、いろいろな場所で「どうなっているのだろう、この世界は」と思うことは多い。アメリカ西海岸の企業であるＧＡＦＡ（グーグル、アマゾン、フェイスブック、アップル）系の製品は、特にそうだ。

スマートフォンの前身ともいえる携帯電話が日本で初めて発売されたのは一九八五年なので、今から三五年以上前になる。時間軸を主観的に捉えると、二〇〇〇〜二〇二〇年間は、一九八〇〜二〇〇〇年までの二〇年間と比べて数倍以上、時の流れが速いと感じる人も多いのではないだろうか。それほど急激な変化が、起きているのは間違いない。

人間というのは、甘えん坊かつ曲者なので、スマートフォンが便利だとわかると、それにますます甘えてしまう。そこで私が思うのは、タイム・イズ・マネーは重要かもしれないが、それ以上に、タイム・イズ・ライフだということだ。甘えた生活しか知らない人間は、結局、それに見合った人生しか送ることができない。大事なのは、便利になった後、それにより産み出された時間で何を行うかだ。それで生まれた時間をすべてSNSで潰してしまったとすれば、何一ついい結果につながらない。

そういった社会の動きを私は、ずっと疑いの目で見続けてきた。初めてインターネットのホットメールを使ったのは高校生のときだったが、「これは良くないな」と直感した。このシステムは人間にとって便利すぎると。

私は今四一歳なので、年齢的にも、アナログ・プロセスとデジタル・ライフの両方を体験している。でも、私の両親や祖父母の世代、つまり六〇〜九〇歳の人たちは、デジタルテクノロジーの急激な進歩に追いつけないので大変だ。それは、金持ちの先進国と貧困国のギャップにも重なる。

しかし、アフリカやブラジルのアマゾンやバングラデシュといった発展途上の地域とみなされている（テクノロジーの遅れた）場所で暮らす人たちのほうが、本来の人間の姿に近いのではないか。先進国の人間はテクノロジーに支配されすぎている。特に日本人は、デジタルテクノロジーが大好きだ。〝アキバ・オタク〟に象徴されるように、デジタルテクノロジーの浸透性が他の先進国と比べて高いように感じる。

日本人は便利なものを素早く社会に取り入れることも得意とする。日本人が便利なものに手をのばすきっかけとなったのは、コンビニエンス・ストアができたことではないかという話を聞いたことがある。コンビニエンス・ストアは、アメリカ発祥のビジネスモデルだが、日本の大手コンビニがその仕組みを取り入れて改良し、「便利さこそが一番」という価値観を日本に浸透させた。そこから、日本社会はどんどん便利になっていった。今やコンビニのない生活は考えられないほど、日本は世界でも稀なコンビニ大国である。オーストラリアにもコンビニはあるけれど、高いだけで全然コンビニエンス（便利）とは言えず、みんなが欲しがるような商品も置かれていない。日本のコンビニとは、雲泥《うんでい》の差である。

コンビニに限らず、今の日本はあまりにも便利すぎる。ある意味、もっと不便になったほうがいいと感じることもある。特にレジリエントでたくましい若者を育てるためには、苦労させなければいけない。極端な話、一〇日間ぐらい山の中を歩き回るような体験をさせてもいい。テクノロジーに毒されて弱くなった心身を鍛え直す必要があるだろう。

自然との闘いは、スポーツジムで運動をすることとはわけが違う。自分自身の命がかかっているからだ。スポーツジムでの運動もしないよりはしたほうがいいが、自然と向き合って自分自身の身体と会話をする体験こそ大事だ。そこからテクノロジーやヒューマニズムを考えると、自分に必要なものは何か、足りないものは何かがはっきり見えてくる。要は、そうした体験がないので、感性が鈍り状況を判断する力が育っていないのだ。

デジタルテクノロジーは、ヒューマニズムと融合することでリアリティを得る

ＩＴ革命が起きた二〇年前と比べて、今の若い社長たちはヒューマニズムに関することをどれくらいわかっているだろうか。私はそれを非常に懸念している。ヒューマニズムを

理解しない人たちが、世の中を支配するようになると、人間社会に大きな弊害をもたらすことになりかねないからだ。この社会のすべてを、AIとロボットで解決できるわけではない。

人間の付き合いには、コミュニケーション力が必要だ。しかし今は、そうしたソーシャル・スキルがない人でも、バーチャル・アイデンティティで自分をカバーして見せることができる。だが、バーチャルな自分は、決してリアルな自分とイコールではない。

たとえばインスタグラムなどで、きれいなもの、成功を印象づけるもの、「みんなが私のことを愛してくれている」という自己愛で常に自分を飾り立てた人を見かけることがある。でも、そこには現実味が全く感じられない。人間には泣いている日もあれば、気分が滅入っている日もある。不安や怒りで一杯になっている日もある。でも、そんな自分は誰にも見せたくないし、誰も見たくないはずだと考えるのでSNSにアップしないのだろう。結局、本当の自分とは違う自分を投稿しているわけだ。

しかし、本当は悲しみや怒りがあるのが本来の人間なので、それをすべてさらけ出したらいいだろう。それこそがヒューマニズムだ。きれいなものばかりを見せようとするので、いつも以上に自分自身を飾ったり、取り繕ったりすることで、ますます現実の自分が見えなくなってしまう。みんながもっと本当の自分を出すようにすれば、人間も社会も今より落ち着いていくに違いない。

私が考えるヒューマニズムとは、人間らしくあり続けること。すごくシンプルな概念だ。感情があり、自我があり、わからないことには疑問を持つのが人間というものだ。しかし今は、当の本人も何が人間らしいかがわからなくなってしまっている。

では、人間らしさとは何だろうか。私が考える人間らしさとは、たとえば、顔見知りのおばあちゃんに会いに行くときには大福をお土産に持って行き、一緒にお茶を飲みながら話をするといったようなことだ。公園のベンチに座って野生の鳥たちと自分のご飯をシェアすることもそうだ。あるいは、隣に住む人が訪ねて来て、「今、ケーキを焼いているんだけど、卵がないから一個もらえない？」と言われたときに、喜んで卵をあげるようなことだ。

かつては日常として普通に存在していたようなことが、私の考える人間らしさ、ヒューマニズムである。ヒューマニズムを欠いたデジタルテクノロジーは、本物であるとは思えない。

デジタルテクノロジーに依存しすぎると、普段から好奇心を持ち続けることも難しくなる。グーグルで検索すれば簡単に答えが見つかるのでより深い疑問を持ちづらくなるのだ。

端的にいえば、私たちはクリティカルシンキングを持ちづらい環境に置かれている。グーグルを使って調べるにしても、すぐにそれで答えを見つけようとするのではなくて、本を購入して調べたり、辞書を引いて調べたり、外に出て誰かに聞いてみたりして、アナログ・プロセスを通して自分で調べる習慣を身につける必要があるだろう。要は、インターネットがなかった時代にみんなが行っていたような方法を実行してみることだ。知りたいという好奇心は、わからないことが多いからこそ生まれてくる。大切なのは耳を澄まして聴いてみたり、じっと物事を見続けることだ。


買い物をするときも、簡単にインターネットに依存するのではなくて、古本屋や市場などに足を運んでみる。市場に行って店員と顔を突き合わせて値段の交渉をするのも面白い。アジアでも、アラブでも、ロシアでも、市場の交渉で商品を購入するのが生活である。


「このメガネいくら?」

「三万だよ」

「三万は高いな。五〇〇〇でどうだ」

「五〇〇〇はちょっと安いな。一万五〇〇〇ならいいよ」

というような値段交渉をして、折り合いがつけば商品を購入する。そういうフェイス・トゥ・フェイスの交渉をするのも実に人間らしくて良い。

マーケットに足を運ぶ目的は、買い物をするためだけではない。目的なくマーケットに顔を出すことで、今日は何に出会えるだろう、何かインスパイアされるものがあるといいな、と思って歩き回るのも大事だ。それはデジタルにはない楽しみであり、貴重な経験となる。これもヒューマニズムの一つだろう。ネットの中にばかりいないで、どんどん外に出てみることが大切なのだ。

そのために、何があるかわからない場所に行くのは、非常に良いことだと思う。そこでしか出会えないものが必ずある。そうしたものと出会うことこそ、人生の醍醐味だ。自分を知るためにも、未知との出会いを体験する。私はそういうことをいつも行っている。それにより感性が刺激され、新たな好奇心が湧いてくるのだ。

すぐれた人からアドバイスをもらい、自分の力で調べていく

「成功する人には、人が寄ってくる」とアメリカ人は考える。だから、Fake it till you

make it.（成功しているフリをしろ）と言う。しかし、私はこのスタイルが大嫌いだ。何をしようが、本物は本物、偽物は偽物だ。

自分の中で知らないことがあれば、まずそれを認めるべきだ。認めたうえで、知っている人に質問をして教えてもらう。その答えを理解して自分で活用することができれば、それは単なる知識ではなく知恵に変わる。それが自分を成長させるプロセスになっていくが、知らないことを知られるのを恥ずかしいと思うのか、知っているふりをする人があまりにも多い。

しかし、あやふやな知識で行動していると後々大変な目にあう。デッドラインを誤ったり、つくったもののクオリティが低かったり、さまざまな問題が起きてくる。知らないのであれば、下手な手出しをしないことだ。そして「知らない」ことを素直に認め、すぐれた人に「教えてください」と頭を下げてやり方を教えてくれるよう頼む。これは、武士道の考え方でもある。

ただし、教えてもらうだけで満足してはいけない。自分自身で調べてみることが必要だ。どうすればわかるようになるかを丹念に調べていく。私が勉強を重視するのは、そういうところだ。わからないことがあるのに、勉強しなければ先は進むことはできない。

私もグーグルを使っているが、使いやすいとは思わない。グーグルにはメルボルン大学、ハーバード大学、東大、京大、上智大学のようなハイスタンダードをずっと守ってきている大学が持っている知恵を守るシステムが存在しないからだ。ウィキペディアも、誰もが書き込むことができるために、判断力・分析力・知識がないと虚偽の情報を「これが事実だ」と思い込む危険性がある。

知らない人が間違った情報を得てわかったつもりになって、それを活用すると大変な事態を引き起こしかねない。フェイクニュースがそうだ。あるいは、どうすればイリーガルなものをつくれるかというような情報も、インターネットで調べれば出てくる。あらゆることが簡単に調べられるというのは、インターネット時代の恐ろしさだ。情報の出所も含めて信用性をきちんと担保し情報を管理しないと、これからの世界はますます悲惨な状態に陥るだろう。

物事を習得するためには、見て覚えることが一番早くわかりやすい。これもまた武士道だ。身体を使って理解することが大事なのだ。

今の二十代はセオリーだけで動いている。しかし、実際にコミュニケーションをとる相手は人間だ。人間には感情がある。仕事がうまくできなかったときなどに、どのように対応するかは、常識レベルの話だ。ＩＴ業界で成功した若い企業家のようにセオリーだけで考えていると、そういうときの解決方法がわからない。常識として考えると当然するべきことでも、「セオリーになかったからしなかった」という話をよく聞く。

この世の中に価値をつけているのはお金であるとみなすと、大事なポイントを見逃してしまう。人間の誕生から今に至る三万〜五万年のスパンで見れば、物事の価値をお金ではかるようになったのはつい最近のことだ。さらにお金そのものも、紙幣やコインがデジタル・マネーに変わり、さらにクリプトカレンシー（暗号通貨、仮想通貨）ができるなど、価値や形がどんどん変わってきている。

しかし、人体の構造は、大昔から変わらない。だから、身体を使って学び、考えることはいつの時代でも有効な手段となるのだ。

世界のどこでも、自分のいる場所でビジネスを行う

私は自分が訪れた場所、住む場所でビジネスを行っている。私は、ビジネスと自分が行

うアートを分けて考えていない。どちらも自分自身で行っていることだからだ。仕事イコール私のアイデンティティではないが、世の中を生きていくためにはお金が必要になる。そう思いながら、一〇年以上、お金にならない仕事も行っている。パトロン・システムを利用したお金になる仕事も、エクスチェンジ・エコノミーというお金にならない仕事も、両方行っているのだ。

クリエイターとしては、自分がいる場所でビジネスを成り立たせている。今は日本にいるので、日本で仕事をしている。その代わり、かつていたモスクワの仕事は縁遠くなっていてイタリアもフランスも少し遠くなっている。

私が働いていたクリフォードチャンスは、当時、世界で数千人が所属する弁護士事務所で、世界六十数カ国でさまざまなアドバイスを同時に行うシステムを持つすぐれた組織だった。自分が組織の中にいた意義はそこにあったと思っている。おかげで組織のシステムがよくわかるようになったからだ。

クリフォードチャンスで私が一番親しくしていたのは、ＩＴの部署の人たちだった。「どうやって、二四時間働いているの？」「どうやって、事務所のデータを管理して守っているの？」と興味のおもむくまま、彼らに次々と質問した。自分の仕事には直接関係なかったが、自分の仕事以外の知識を得たことで長期的に見ると役に立つことも多かった。結果として今のアーティスト活動を行ううえでとてもいい知恵を得ることになった。

法律事務所の同僚とチームを組んで動くことが多かったが、自分一人で仕事をすることもあった。正直なところ一人で仕事するのは大変なので、あまりやりたくない。でも一人のほうが身軽なので、目的を達成しやすいという面があるのも事実だ。

このように、私はノマドのようなスタイルで働いている。世界中どこでも自分がいるところで一〇〇％の力を発揮する。今は東京で事務所を借りているけれども、本当は必要以上のものを持ちたくない。実際、この七年間はずっとノマディック・ライフだったので、ノマディック・ビジネスを展開していた。チェロと演奏する機材さえあれば、世界中のどこにいても私は生きていけるという自信がある。私自身が、ビジネスそのものだからだ。

しかも、自分にできることを知ることで、自分なりの味をつけることができるようになる。自分らしさと言ってもいいが、結局、自分自身にしっかりとした土台がないと単なるものまねで終わってしまう。ノマディック・ライフを送ってきた私が日本人を見て思うのは、自分のオリジナリティを生み出すために、もっと世界に目を向けてみてはどうかということだ。そうしないと、日本という島国の中で自己完結をして人生を終わってしまいまいかねない。

世界で活躍できる人材にどうすればなれるのか、私なりにアドバイスがある。世界に対して一歩踏み出してみることだ。ただ日本人が今まで当たり前のように行っていた動きだと、話にならない。

例えば、修学旅行や団体旅行で一週間ほど海外に行っても身につくものはなく、ただ楽しかったで終わるだけだ。海外に出て異文化を体験できるチャンスを得たいと思うのであれば、一人で行くべきだ。あるいは、友だちや恋人や少人数で行ったほうが得るものが多いだろう。異文化を体験しようとする志はいいが、パック旅行から自分のオリジナリティーが生まれることはないだろう。

海外に行って困った目に遭ったとしても、アクシデントこそがいい経験となる。見ず知らずの場所で困るからこそ、それに対処することで自分の器を大きくすることができる。自分自身で問題を解決しなければいけないので、その体験が貴重なものになる。家族に電話して助けを求められない状況でどうするかが、大事なのだ。

世界で活躍したいと思うのであれば、まず異文化の中に自分自身の身を置いてみることだ。そこで体験したこと、感じたこと、考えたことが必ず役に立つときが来る。

カルチャー誌『ローリング・ストーン』(イタリア版) に掲載

2011年に『ローリング・ストーン』誌(イタリア版、ロシア版)に掲載されたものである。当時、ローマ、パリ、モスクワ、東京、メルボルンに活動拠点を置き、各国を行き来していた。10年末、ミラノのノヴェチェント美術館のオープニングで、欧州を代表するキュレーターや投資家がミラノ王宮に参加する会で私が演奏する機会があったが、レティツィア・モラッティ市長が、演奏中の私に話しかけてきた。すると、欧州を代表する各誌の編集長、プロデューサーが一斉に私を取り囲み、その日のうちにこの仕事が決まったのだ。この撮影を機に、欧州での知名度が上り、その後のロシアでの活動の成功へとつながった。

撮影=ブルノ・ヴァン・モッセベルデ

第二章
アートから学んだイノベーションの起こし方

撮影＝緒方秀美

本当は、誰もがクリエイティブに生きることができる

私は、自分の中に、アートの魂《ソウル》が宿っているという確信を持っている。クリエイターにLGBTQを自認する人が多いと言われることにも賛否両論ある（私は遺伝的に反映されているからではないかと思っている）が、皆、魂のレベルで一人ひとりのミッション（使命）があると捉えている。各人のキャパシティは、教育と環境による要素で決まるという説があることも付け加えておく。

少しだけ人間の細胞の話をしよう。私が二〇一五年から、どちらも世界最高峰と称されるチャイコフスキー記念国立モスクワ音楽院とロシア科学アカデミーで携わった遺伝子音楽の共同プロジェクトでわかったことがある。「聴く」という行為は、耳だけでなく人間の細胞レベルで認識しているということだ。

たとえば、ビートルズの『レット・イット・ビー』は、明るくハッピーなメジャーキーから構成されている。それに対し、日本の『さくらさくら』は、悲しみや切なさを表すマイナーキーで構成されている。

われわれはメジャーキーの曲を聴くと高揚感で嬉しい気持ちになり、マイナーキーの曲

を聴くと、寂しく悲しい気持ちになる。その理由として、それぞれのキーが持つ音色が、われわれが体験的に認識している嬉しい気持ちや悲しい気持ちを思い起こさせると考える人がいるかもしれない。

しかし、われわれは細胞のレベルで嬉しいや悲しいといった認識をしているのだ。これらは後天的な環境によってできあがるのではなく、人間の細胞の中にすでにそのキーが組み込まれている。だから、『レット・イット・ビー』を聴くことで誰でも嬉しい気持ちになり、『さくらさくら』を聴けば誰でも切ない気持ちになるわけだ。この細胞レベルの認識をベースにして音楽を創り出すのが、私が携わった遺伝子音楽のプロジェクトである。

二〇二〇年、この遺伝子音楽のプロジェクトをまとめた論文が、ＭＩＴプレス（マサチューセッツ工科大学出版局）に掲載された。「Genetic Music System with Symthetic Biology」（遺伝子音楽）という人間のＤＮＡを基盤にした新たな音楽システムについての論文だ。その内容は、遺伝子音楽を聴くことで人の鬱の治療などに役立ち、長期的には人にウェルビーイングをもたらすことができるというものである。

人間が同じ細胞でできているとすれば、誰でもアーティスティックでクリエイティブに生きることができるはずだ。私に絶対音感が存在するのは、遺伝によるものなのかもしれない。でも、なぜ自分がアーティストになったのか、クリエイティブな思考を持っているかは、遺伝とは関係がないと考える。ただ、私の場合、音楽の教育環境が良かったのは事実だ。すでに一歳半から音楽教室に通いピアノを弾き始めたように、クリエイティビティにあふれる環境で育った。

とはいえ、音楽教室、アート教室に通う皆がアーティストやクリエイターになれるというわけではない。その違いはどこにあるのか。生まれつきによる才能の有無だろうか？

私はこう考える。細胞レベルでわれわれ全員が持つ、それぞれの才能が存在するのだ。ただ、それらを目覚めさせる刺激が与えられた者とそうでない者の違いがある。私の場合は、たまたま幸運にもそれらが与えられたというだけだ。

私の場合、親がピアノだけでなく、オペラ、バレエ、オーケストラを体験させてくれ、スポーツもさせてくれた。

スポーツとアートは、密接な関係にある。ニューロサイエンス（神経科学）の解釈によれば、運動をすると脳の中に存在している種々のホルモンが刺激される。このホルモンは、美しいものを見たり、美味しいものを食べたりしても出てくるもので、美的感覚を高めることにもつながっていると言われている。

私は、メルボルン大学法学部と同大学院修士課程で国際法と人権法を専攻した。その観点から話をすると、世界の二二億人が安全に管理された水を飲むことができず、一億五〇〇〇万人の人が満足な食べ物を入手できず、三億人以上が教育を受けることができない環境に置かれている。発展途上国にもすぐれたアーティストやクリエイターはいるが、教育プラットフォームが十分でない環境で生まれたとすると、いくら才能があったとしてもアートを学び表現する場がない。その結果、それらの地域において世界的なアーティストが出現しづらいという悪循環が生まれる。これにより、教育環境の良しあしによりクリエイティビティの発現が異なることが推察されるだろう。

わかりやすく言えば、こういうことだ。広い家で毎日両親がバイオリンやピアノで音感を育もうとする家庭で育つ子どもと、水を井戸から汲み出す必要があり衣食住を満たすことで日々精一杯の家庭で育つ子どもを比較すると、同じような能力であったとしても成人を迎える頃には、クリエイティビティとキャパシティに関して大きな差が出るにちがいない。

クリエイターから見た日本

日本人は「個性がなく」「アイデアがなく」「ものまねが上手」で、すでにあるものを改良することは得意であるが、新たな発明を行うことが苦手であるというネガティブな文脈で語られることもある。この考えに対して、優秀な日本人クリエイターを多く知っているので、私個人としては、日本人に個性やアイデアがないとは全く思わない。でも、残念ながらこれらの評価が世界で共有されているとすれば、日本の教育に問題があるとみなさざるを得ない。

たとえば、欧米の裕福な家庭で育った学生は、大学への入学前や就職をする前に、ギャップイヤーといって、一年から二年程度、海外旅行や留学、ボランティア活動などを行い自分探しの時間にあてることが多い。自分自身が何をしたいのか、何をすべきかを自問自答する時間を設けることで、大学入学後や社会に出てから生き方に迷うリスクが減る効果があると言われている。また、自由な時間を謳歌し外国人と接することにより社交性が育つ。さらに、多くの場所を訪れてインスピレーションを得ることで、クリエイティビティやアーティストシンキングを育むことができる。このように、若いときの寄り道がアーティストシンキングを養うためには必要なのだ。

一方、日本人は全体に、ストレートに学生から社会人になる傾向が多く見受けられる。欧州の先進国では、人生において若者が寄り道をすることを価値とみなすのに対し、日本では最短距離を走ることが価値とされている。

最近、先進国の企業経営者や管理職にアートスクールを卒業した人が就くケースが増えているように、経営においてアート的思考やデザイン的判断が求められている。

しかしながら、日本社会は旧来と変わらない東京大学医学部、法学部、経済学部、工学部などを頂点とするヒエラルキーで構成され、アーティストシンキングが重要視されつつある世界の潮流からはほど遠い。

また、日本は島国のためか、元々すぐれた能力を持っているのに相対的な評価を気にしすぎて、日本人のみで上下をつけたがる傾向がある。「逆輸入」という表現があるが、日本では海外に行って成功した人が、海外で評価を受けると途端に大きな仕事を手にしたり、高い評価を得たりする場合が多い。これを見ても、日本はアーティストの能力を絶対評価で客観的に評価する視点とシステムが欠如しているように感じる。

これからの世界で成功するカギは、レジリエンスにある

私は自分のお尻を拭くことができる前に、一歳半でピアノを弾くことができた。本当の話だ。〇歳から三歳までの赤ん坊は、イエス、ノーをはっきり言葉にできるわけがないと思うだろう。でも、その期間にも、赤ん坊はいろいろなことを吸収している。言葉は話せなくても、イエス、ノーのメッセージを両親に送っているかもしれない。そういう非常に感覚の強い時期に音楽の英才教育を受けたので、それが私の脳の発達に大きな影響を与えたのは、間違いない。

初めて音楽教室に参加した日のことも、はっきり覚えている。私は日本人バイオリニストの鈴木鎮一先生が開発したスズキ・メソードでピアノを学んだ。ピアノの先生は日本人の女性だったが、初レッスンのときの先生の表情も化粧の香りも今すぐに思い出すことができる。

「あなたは一歳か二歳の頃に何をしましたか」と聞かれると、たいていの人は「記憶にない。思い出せない」と答えるだろう。私にはその記憶がはっきり残っている。私がクラシック音楽で育ってきたことが関係しているのか、それとも家庭環境の影響かは判断できな

いが、クラシックを学んだことで、暗記力や継続力が鍛えられたことは確かだ。非常に厳しい訓練だったので、音楽で学んだスキルは他の勉強や行動にも大いに影響を及ぼしていると思われる。大人になって他の人よりも忍耐力があると実感するのも、クラシック音楽を習ったおかげではなかろうか。

アーティストも含めた自営業者は、自分のやりたいことを行っているが、それを継続させるのはとても難しい。事業を続けることができずに、会社員の生活に戻ったという人も多い。だから、自分の作品、自分のビジネスをアピールしようとすれば勇気と好奇心を持って頑張り続けることが大事だ。そうやって続けているうちに自信も湧いてくる。せっかく目的を持って始めたのに、途中であきらめたら何もならない。どうせ失敗するのであれば、好きなことをとことん行った上で失敗すればいい。

最近、私は再びカタカナの勉強を始めた。そこで見つけたのがレジリエンスという言葉である。心理学の用語で、自分にとって非常に厳しいストレスフルな状況に置かれても決してあきらめずに、その環境に対応しながら自分自身を正常に保ち、本来持っている身体の良い状態を取り戻していくことを意味する。レジリエンスは、マインドフルネスやウェルネスといった心身の良好な状態を保つことを目指すウェルビーイングに関連する業界で、かなり注目されている言葉である。

レジリエンスは、「忍耐力」や「強靭性」と訳されるが、私は「あきらめない力」という意味で捉えている。新型コロナウイルス感染症（COVID-19）を解決した後に重要になるのは、あきらめない社会をつくることだ。だから、私はレジリエンスという言葉をそんな新しい社会をリードする概念として定義したい。

そして私は、アートが存在するからこそレジリエントな社会をつくることができると考えている。アートには、人の心を豊かにする力があるからだ。

アートの役割として、大きく三つの要素があると私は考える。まずは、アートを通して個人の美的感覚を養うこと。次に、アートを通して政治的、経済的、社会的なことに対する批判精神を養うこと。最後は、アート通して社会問題の解決を図ることだ。これらを取り上げることがアートの王道であるが、実際、これ以外にもアートにはさまざまな形式が存在している。平たく言えば、それぞれの人間の生き方を表現したものがアートで、アーティストが考えている未来を描いて見せるという役割もアートにはある。

さらに、近年はアートセラピーという言葉に見られるように、アートを使うことで人のケアを行う心理療法が注目を浴びている。これから、テクノロジーとアートは共に進化していくことだろう。たとえば、5Gを使った音楽とアートセラピーである。5Gで遅延しづらい通信が実現すれば、国境を超えたアートセラピーを実現することができる。たとえば私がモスクワでチェロを演奏したとして、日本で同じ時間にまるでコンサート会場にいるかのような高画質な映像かつ高品質な音を大画面で楽しむことができる。目の前で私の演奏を聴いているかのような状態になる。

また5Gであれば通信遅延がないので、演奏後の感想を私が聴衆とオンタイムでやり取りすることも可能だ。そうなれば、音楽と癒やしが提供されることでマインドフルネスが実現するだろう。それがレジリエントな社会の実現につながればいいと思う。

私は、アートを通じてあきらめない精神を育てる活動を、他の人と一緒に行っていきたい。最近は二、三十代の人たちが「ウェルビーイングな社会を創り出す」「人類のウェルビーイングな未来を考える」と言い始めているが、それらの中心をなす概念として、「レジリエントな精神」「自分らしく生きることをあきらめないこと」を提唱したい。社会状況が厳しく、残念ながら本当にやりたいことをあきらめる人が多い時代だからこそ、レジリエンスを旗頭にしていきたいのだ。

では、このレジリエンスをどのように身につけていくべきか。レジリエンスは、今後、人々が成功を摑むために重要なカギになる。先ほど述べたように、私の場合は、クラシック音楽の厳しい訓練を続ける中で、レジリエンスをスキルとして身につけた。クラシック音楽を勉強してきた子どもたちの中には将来、医者、弁護士、エンジニアといった仕事に就く人が多いと言われるが、それは、訓練を通じてレジリエンスが身について、根気よく勉強を続けることができるからではないか。

では、大人になってどうやってレジリエンスを身につけることができるのかという質問に対しては、こう答えたい。私は人間というのは、習慣性の生き物である。そのため、普段から何気ない行動を見直し、良い行動習慣を身につけることが重要で、良い習慣を身につけることができれば、神経のバランスが変化し、心の状態も安定に向かうと思うのだ。

たとえば、テレビを毎日見ながらポテトチップスを一袋空けるといった生活を送っていれば、誰でも肥満へ突き進む。何気ない習慣でも塵も積もれば山となる。それを変化させようと思うのであれば、まずは食生活の見直しから始めることだ。さらに毎日三〇分程度の散歩を取り入れるなど、なるべく簡単にできて努力がすぐに良い結果として表れる方法を見つけ出すことで、生活環境を変えていくのだ。

そのためには、私たちは今まで以上に想像力を高める訓練が必要になる。ポジティブな感情で生活を送らない限り、ポジティブな未来を実現することはできない。われわれ大人の役割は、子どもたちをリードするだけでなく、彼らに対して明るい未来を提供することでもある。

日本人のＤＮＡに刻まれた魂を思い出せ！

ここでは、人のＤＮＡに刻まれた情報が、どのように私たちの行動に影響を及ぼすかについて述べたい。

興味深い事例を出そう。スウェーデンに住む研究者の友人から実際に聞いた話だが、ショッピングモールでかかっている音楽は、人間の消費パターンを操る手段として使われているというのだ。日本のある高級スーパーに買い物に行くと、バロック音楽がかかっている。バロックにはエレガントなイメージがあり、それを聴いていると消費者は「高価な商品を買おうかな」という心理に変わる。ちなみにロックミュージックを聴いても、そういう気分にはならないらしい。

これは香りにも応用されていて、たとえば百貨店の化粧品売り場や香水売り場が少し暑く感じるのは、温度調節を高めに設定して消費者に香りを嗅がせるためだという。それが商品の販売向上につながるようだ。この友人によれば、これらはスウェーデンでの実験で実証された結果であるという。

西洋で生まれたクラシック音楽は、古来の日本には存在しなかったアルゴリズムでできている。雅楽を聴けばわかるように、日本古来の音楽アルゴリズムは不協和音で構成され、わびさびにつながるインパーフェクション（不完全）な音楽システムだ。しかし欧米ではこの二〇〇〇年の間、ピタゴラスが提案したアルゴリズムでクラシック音楽システムが成り立っている。つまり、「ピタゴラスのアルゴリズム＝クラシック音楽のアルゴリズム」であり、これはパーフェクション（完全）を目的にしたシステムだ。ちなみに、クラシック音楽の標準的な音律は、三対二（ピタゴラスの音律）でできている。

日本では、クラシックの音楽システムが根づいているが、日本の伝統的な雅楽をベースとしたシステムも存在している。一つの国の中に両方のシステムが存在しているのは、非常に興味深い。ロックミュージックも演奏者による違いこそあれ、理論はクラシック音楽をベースにしたものだ。ジャズミュージックもクラシックと同じで、要はスタイルや表現法が異なるだけだ。しかし、雅楽のそれは、西洋のものとは異なる。もちろん、インドやアラブやアフリカ、中国の音楽も、それぞれ異なり、独特のシステムが存在する。

人のＤＮＡの中には、それぞれの民族が本来持っている魂の記憶を呼び覚ますカギが存在すると私はみなしている。ところが日本の場合、第二次世界大戦後、それらを手放してしまった。それによって日本人の魂は失われ、代わりに、戦後、主にアメリカから入ってきた情報、教育システム、あるいは消費者社会やアメリカ的資本主義に日本社会は染められてしまった。

日本人は、歴史的に見ても他国の文化や技術を上手に受け入れ、瞬く間に自分のものにしてしまうという特技を持つ。言い方をかえれば、ものまねが極めて上手であるということだ。だからこそ、戦後の非常に貧しく、食べ物に困るようなゼロの状態から立ち上がり、急激な高度経済成長を果たすことができた。海外から入ってきたあらゆる概念が日本の経済成長に大きな役割を果たしたことは間違いないが、その代償として日本人が失ったものも多い。どの国にも自分たちのカルチャー（文化）、自分たちのスピリット（精神）、自分たちのミッション（使命）があるはずだが、それらはぼやけてしまった。

前にも述べたが、私は一五歳のときにチベットのダライ・ラマ一四世の前で演奏を行った。そのとき、ダライ・ラマ一四世は「他人や他文化と対面するためには、自分のルーツをしっかり理解していなければいけない」と言った。その言葉は、今でも私の心に響いている。私は祖母が日本人で、祖母と過ごす時間が多かったためか、非常に日本的な精神を持っていると周りの人から言われる。自分自身でもオーストラリア人としてより、日本人のルーツを強く意識することが多い。

日本語との付き合いは長い。母国語は英語だが、日本語を学び始めたのは、メルボルン高校の夏休みに交換留学先である埼玉県立春日部高校に短期留学したときだ。その後、メルボルン大学法学部在学中に交換留学生として上智大学で一年間を過ごし、オーストラリアに帰国するときにはペラペラになっていた（当時は、朝から晩まで一日中日本語を勉強した）。メルボルン大学でも日本語の勉強を続け、大学卒業時には、法学と教養学（日本語、仏教、ポップカルチャー）の学位を取得することができた。

社会人になってからも法律事務所で日本語を駆使して働いたため、日本語は第二の母国語と断言してもいい。二〇〇八年には、日本語検定試験の一級にも合格した。日本のことは大好きで相当愛着を持っているが、そのうえで実感したことがある。

日本語は非常に豊かな表現を持つ言語であり、日本には日本語でしか表現できない概念が非常に多い。しかしながら当の日本人はそのことにほとんど気がついていない。たとえば「元気ですか」というときの「元気」がどういう意味であるかをご存知だろうか。私が元気の意味である「カラダの調子がよく、健康であること」の説明を日本人にすると、非常に抽象的なコンセプトにもかかわらず、「そうなんだよね、元の気ってそういうことだよね」と簡単に意味が通じる。きっと細胞レベルで記憶されている何かがあるからだろう。抽象的で外国人にはわかりにくい感覚を共有しているのは、本当に素晴らしく、日本人の強みになる。だから、それを忘れてしまっているのは非常にもったいない（日本人は英語で「How are you?」などと言っている場合ではない）。

世界中がパンデミックで混乱している今だからこそ、日本人のＤＮＡを呼び覚ますべきだ。それがこれからの日本人の可能性を広げ、世界的なプレステージを上げることにもつながる。

セオリーを捨てて、あえて損することをやってみる

日本の二十代の若者と接していると実感することがある。私が上智大学に留学していた二〇〇〇年代前半と比べ、若者がとてもハングリーになっているということだ。彼らにとって、生まれたときから低成長の日本が当たり前の光景だ。そのため、何とか現状から抜け出したいという気持ちが強くあり、何にでも挑戦する意欲を持っている。

ただし、挑戦する意欲は旺盛だけれども、現実にはうまく歯車が噛み合っていない。セオリーは知っていても経験が不足しているので、成功までの道筋を具体的に描くことができていない。どういう経路をたどればどういう結果が得られて成功するかが見えていないため、やみくもに挑戦して失敗することが多く見受けられる。それでも、二十代で社長になる人たちが非常に増えている。旧来のレールに乗ることを拒否しているのだろう。学校を卒業後、会社に勤め、何年か経験を積むことからスタートしようとしていない。

二〇〇九年、私はグローバルな活動を行うためにクリエイティブ・エンタプライズ「contrapuntal（コントラパントル）」を設立したが、彼らからの問い合わせも多く届く。若者には情熱があるので、話をしているととても面白いが、先に指摘したようにセオリーで

しか考えられないという弱点を持っている。

しかしながら、これは日本人全般に言えることかもしれない。日本人はセオリーが好きで、すぐに答えを知りたがる傾向が強いように感じる。暗記を中心の勉強をしてきたせいか、A＋B＝Cというように、簡単に結果に結びつけようとしがちだ。同時に、損得で考える人が増えたような印象がある。「これをすると、こういう得がある」とか「AとBを比べればAのほうが得だ」という損得勘定が、行動の基準になっている人が少なくない。

人生というのは決して計算通りに進まない。いくら損得を計算して動いたところで、うまくいくことは稀だろう。だからこそ、目先の利益ばかりを追わず、時には損をするとわかっていてもやってみることが大事なのである。それがやがて大きな得につながることもあるということを知ってほしいが、若い世代で経験が少ない場合は、このことを実感することはなかなか難しいかもしれない。

日本語には「損して得とれ」という素晴らしい表現がある。損を覚悟で一生懸命にやっていれば、それを見て信用してくれる人が必ず出てくる。すると、その人が良い仕事を持ってきてくれる。むしろ仕事というのは、そうやって発展していくものだ。目先の利益ばかりを追い求めるやり方は、私にはちっとも面白くない。

軍隊式トップダウンの組織では、若者の力は発揮できない

　ただし、二十代の若者たちが旧来型の日本式働き方を拒否するのは、よく理解できる。彼らは株式会社という仕組みが、今後いろいろな意味で変わっていくことに気づいているのだろう。これまで日本の株式会社は、縦割り組織かつトップダウンの命令系統で物事を決めて進めてきたが、これは軍隊組織からできた仕組みで、今の時代に適しているとは到底思えない。若者たちにとっては、自分の意見があっても何も言えず、言っても採用されないのであれば、働いても面白くないだろう。彼らは上からの「言われたことを言われたように行う」ことに全く興味ないのだ。

　私自身、新しい会社の形態を模索している。LLC（Limited Liability Company：有限責任会社、日本では合同会社の形態がこれに近い）がいいのか、株式会社がいいのかはわからない。でも、いろいろな組織と、それに連なる事業があり、それぞれにトップがいるけれども皆対等に話し合って決めていくことができるようなかたちにできないかと考えている。こういう柔軟な組織しか本当のクリエイティビティは生まないし、イノベーションも起こ

らないだろう。

日本の組織は、縦のラインが重視されすぎて、長の役職の人が多すぎる。会長、社長、局長、部長、課長、係長……と組織の階層が深く、部署の数だけ長がいる。名刺を渡されても、「この人は一体どんな仕事をしているのだろう？」と首をひねることがよくある。組織の仕組みも非常に複雑だ。部署があまりにも多すぎて、何を誰に聞けばいいのかわからない。そんなに人の数が必要なの？　といつも思う。仕組みはもっとシンプルでいい。それよりも、個々人がクリエイティビティを発揮できるフラットな組織をつくることが大事だ。

それは私が弁護士として法律事務所に勤めていたときも、カンボジアのNGOで働いていたときにも感じていたことだ。本来、仕事のできる人が重要な職務に就いていることがすぐれた組織だが、仕事ができない人が多かった。バブル時の成功体験から抜けきれず、そのまま生きている人がとても多いと感じる。若くてパワーのある人もたくさんいるが、そういう人たちが日本の組織の中で力を発揮できる形ではない。自分でやりたいことがある人が、そんなに待っていられないと考えるのは、とても自然なことだ。

意思決定を行うのに非常に時間がかかるのも、日本の組織の特徴だ。答えを出す前に

〝ワンクッション置く〟というのが、日本のスタイルだ。私は何でも人に直接的に聞いたり言ったりするけれども、日本では目の前の人に「これについて答えを出してほしい」と言っても、ダイレクトなやり取りは実現されず、必ずと言っていいほど間に誰かが入ってくる。「これはいくら？」「これをあげたいのだけれど、誰に聞けばいい？」といった簡単な質問でも、私とその人の間に誰かが入ってきた。

オーストラリアであれば、面会において対面するのは意思決定者だけで、他の人は同席しない。決定権を持つ人とだけ話したくても、日本ではそうならずストレスを感じることが多い。偉い立場のはずなのに、なぜダイレクトな判断を避けるのかと、いつも疑問に感じる。それが会社のルールなのか、その人が責任を取りたくないのかはわからないが、あまりにも効率が悪く、時間をロスしているだけのように思える。

日本の多くの組織は、こういうスタイルなので、パワーあふれる若い人たちはじれったくて仕方ない。それが若くして起業する人たちが増えている理由の一つである。

私が二十代のスタッフと一緒に働くときには、「何をしてもらいたいか」をスタッフから私に提案するかたちにしてもらっている。そこからディスカッションが始まるのだ。若い人にチャンスを与えるということでもあるが、アイデアが出なければ何も生まれないからでもある。

見返り一切不要のマイクロパトロン・システムをつくる

私には、八歳から一二歳まで音楽活動を支援してくれるパトロンがいた。しかし、今は時代が変わり、アーティストの活動に対して一人だけで完全な支援を行うのがなかなか難しくなった。提唱したいのが、先にもお話ししたマイクロパトロン・システムだ。マイクロパトロンというのは、ZOZOTOWN創業者の前澤友作氏のような大金持ちではなくて、「自分が寄付する一〇〇〇円は、ベンジャミン・スケッパーが活動を続けるために大きな価値がある」という純粋な気持ちで寄付をしてくれる人たちを指す。

日本で言えば、お笑い芸人キングコングの西野亮廣氏が、自身の絵本や映画製作を行うためにインターネット上で資金を集めた。この西野氏が行った資金集めのやり方をマイクロパトロンであると解釈する人もいるが、これはクラウドファンディングである。クラウドファンディングとマイクロパトロンは、根本的に異なる。その違いは、マイクロパトロンにはインセンティブが一切ないということだ。

マイクロパトロンの寄付に対して、私は具体的な見返りは何も行わないが、寄付してもらったお金は、活動を続けるためにありがたくいただく。要するに、私が継続的な活動を続けていくことが、マイクロパトロンとの約束になるわけだ。それがパトロンとアーティストにおける本来の関係であると思っている。

クリエイターが資金を手にして自分がやりたいことを行うという点において、マイクロパトロンはクラウドファンディングと似ているが、決定的に異なるのは、クラウドファンディングでは対価が発生するということだ。たとえばCAMPFIREでクラウドファンディングを募るとプラットフォーマーに一定の手数料を支払わなくてはならない。さらに一〇〇〇円の支援のお礼にはステッカー、三〇〇〇円の支援であればCD、八〇〇〇円であればTシャツとCDというように、支援者に対してインセンティブを払わなくてはいけない。これは、物をつくって販売しているのと同じことである。これではインターネットのプラットフォームに出店するウェブショップと同じではないかと言っているのである。

これが機会となって新しいファンを開拓することにつながり、ライブに来てもらうことで新たな資金を獲得する手段が生まれる可能性もある。私はクラウドファンディングで成功して何千万円も稼いでいる人を知っているが、彼はそこに到達するまでに大変な時間と費用をかけている。そういうことも事実としてしっかりと認識しておくべきだろう。

また一五〇〇万円のファンドレイジング（資金集め）のために半年かかって、最終的に三〇〇万円しか手元に残らなかったという例も知っている。このような状態だと、クラウドファンディングに成功したとしても、アーティストは安心して活動に打ち込むことはできない。社会人として会社で働きながらアーティストの活動を続けたほうがよほどいいのでは？　と思ってしまうほどだ。

すぐれたアートを残したダ・ヴィンチ、バッハ、モーツァルトなどはパトロンがいたおかげで成功した。どんなにすぐれたアーティストであっても、家賃をどう払うか、次にどこから仕事が入るかなどと、常に不安にさらされていては、よい作品をつくるのは難しい。

私がオーストラリアにいたときも、パトロンたちとカフェでお茶をしたり食事会を開いたりして寄付を募ったり、インセンティブなしのファンドレイジングを行うことで活動資金を援助してもらっていた。また、私がサンクトペテルブルクに留学していた頃は、オーストラリアのパトロンたちをロシアに招いたこともあるが、旅行代金を完全にまかなうことはできなかった。そのため、パトロンたちにお願いして代金の足りない分を寄付してもらった。

私がアーティスト活動をするうえでラッキーだったのは、忍耐力というクラシック音楽から得たスキルがあり、法学を学び弁護士となったことで、交渉力というスキルを身につけることができたことだ。このおかげで、自分の権利を守りつつ、自分で契約書にサインをして今まで生き残ってこられた。

大体のクリエイターたちは、クリエイティブをつかさどる右脳は発達しているかもしれないけれども、事務作業で必要となる左脳の使い方が苦手だったりするので、アートとビジネスの切り替えがなかなか難しい。特に右脳に頼っている人は、ビジネスの話がなかなか理解しづらいので、時として非常に不利な条件をのまされたりする。しかしながら、マイクロパトロン・システムであれば、無条件でアーティストを支援する仕組みなので、こうした問題は起こりづらい。

お金を否定しなくてもすぐれたアートは生み出せる

一九六〇年代後半、イタリアで始まったアルテ・ポーヴェラ（Arte Povera）という前衛美術運動が起こった。絵具や粘土やブロンズなどの伝統的な画材や材料を放棄して、自然の石や木、あるいは鉄などの工業用素材を使って作品を創り出そうとするものだ。このアルテ・ポーヴェラを日本語にすると「貧しい芸術」という訳になる。この言葉からも感じられることだが、アーティストの中には「お金は汚い」とか「お金がないほうが良いアートがつくれる」という発想を持ち、苦労して作品を誕生させるのがいいと考える人たちがいる。このような発想をするアーティストは、作品にはお金に換算できない価値があると言いたいのだろう。逆に言えば、お金に換算できないような価値を作品につけていきたいという解釈もできる。スピリチュアル・バリュー（精神的価値）と呼んでいいかもしれない。

これらを総括すると、特別な世界で生きているアーティストのクリエイティビティにお金で価値をつけることはふさわしくない、という考え方になる。

その考え方自体が、間違っているとは思わない。ブランディングがしっかりできていれば、そういう考え方で創作活動を続けても、結果として十分なお金を手にすることはできるだろう。私自身、お金と全くかかわりのない状態でみんなから評価される作品をつくった経験は何度もあるし、かなりの額をもらったうえで自分自身でも納得できる作品に仕上げた経験もある。

その両方を経験して、やはりお金はあるに越したことはないという結論に至った。そのほうが生活の心配をする必要もなく、作品制作に没頭できるからだ。

私の考え方は、アーティストの常識に反するかもしれない。でも、固定観念にとらわれずに、何でもやってみたほうがいいだろう。そのためには当然リスクを背負うことになるが、これはアーティストであっても弁護士であっても変わらない。どんな世界でも、リスクなしに大きな仕事をすることはできないからだ。

私は、クリフォードチャンスで訴訟専門弁護士として約一年強働いた。その前は、超有名国際弁護士事務所であるベーカー・マッケンジーのインターンも含めると、オーストラリアの弁護士事務所（モウリス・ブラックボーン）、環境コンサルティング会社、アイシン精機のオーストラリア現地法人などで計二年間、社会人としての生活を経験している。同じ時刻に起きて、遅刻しないように出社する毎日だった。とはいえ、一番の苦痛は、尊敬できないボスの下で働くことで、本当につらかったし、何度も起きたくないと思ったけれど、我慢して働いた。そういうシステムの中にいるので、それは仕方がないことだと、自分を納得させたのだ。しかし、この社会人経験が、三十代以降、クリエイティブの世界で活動するようになってから、宝物になった。

前にも述べたが、アーティストの中には、社会人をバカにするような人たちもいる。ロックでもパンクでも、歌詞の中で会社員をロボットにたとえて批判するような曲がたくさんある。毎日満員の通勤列車に揺られて出勤して、同じような仕事をして、疲れて家に帰る。まるで会社のロボットのようで可哀そうな人たちだと、からかうのだ。でも、考えてみてほしい。すべての人がそういった働き方を拒否すれば、この世の中はどうなるか。あらゆるシステムは、ストップしてしまうに違いない。

世界には、経験してみないとわからないことが多い。私がドイツの某高級車ミュージアムのオープニングで演奏することになったときも、このように考えていた。私自身のパフォーマンスへの高い評価があったのは確かだとしても、それがすべてではない。スポンサーがいて、銀行がいて、関係者とのつながりがあってこそ演奏が実現したのだ。アーティストがお金にまみれた世界とつながってはダメだと言っていたら、活動そのものが成り立たない。これも紛れもないクリエイティブの世界における現実である。

逆に、ビジネスの世界の人たちから見ると、アーティストのピュアでクリエイティブな世界が理解できない場合も多いだろう。だから、「あいつらは何も働いていないのに、なぜお金がもらえるんだ」と陰で言われる。極端な話をすると、ビジネスの側にもアーティストの側にも相手を見下しているところがあるのだろう。その両者の間にブリッジをかけてお互いの不信感をなくすために、私は活動している。アートとビジネスの世界を経験していることが、成功要因の一つになっていることを実感するのだ。

二〇一七年、東京で開催されたイノベーションミーティングで社長が集まる会に参加したことがある。日本市場でどのようにしてイノベーティブな流れをつくっていけばいいのか、ビジネスのプロフィットに敏感な社長たちにプレゼンするのが目的だった。アーティストがどのようにクリエイティブな観点から物事を捉え、多様な視点から新しい価値を展開しているのかをアートとカルチャーの視点から丁寧に説明したのだ。

私は、弁護士としてビジネスサイドから物事を見てきた経験があるので、アートとビジネスが交わる視点を持っているという自負もある。これから、アートとビジネスを一緒に考えることができる人材が増えることで、アートの利点をよりビジネスに反映できる確信がある、と彼らに伝えた。

同年、オーストラリアのシドニーでも声をかけていただき、トップ五〇企業の社長の前で、自分自身のファッション哲学について話をした。さらに、オーストラリアの与党と野党の政治家の前でもイノベーションの起こし方について自説を展開した。

また同年、オーストラリアにあるマイクロソフト社で開催されたサイエンス・ギャラリーでは、最先端のラボで企業におけるＳＴＥＡＭとＣＳＲの重要性を説いた。このように、ビジネスとアートの可能性を広げるための活動をこれまで精一杯行ってきた。この経験は誰にも負けないと、自信を持って言える。

暗記ばかりでは、イノベーションを起こす応用力は身につかない

本当によく働いているなと自分でも思う。一歳半で初めて音楽教室に行って以来、勉強の連続だ。二十代では、自分がこれから相手にしていく世の中のシステムについて理解しようと考え、国際的な法律事務所で働いた。対抗する相手、あるいは敵を熟知することによって、自分の身につくことがたくさんあると考えたからだ。ただし、働く以上は何事にも無我夢中に取り組んだ。これは私の信念でもあるが、やると決めたら必死でやり抜く。一〇〇％吸収するためには、何事もこの方法しかない。

メルボルン大学の法学部で学んでいたときもそう思っていた。私にとってメルボルン大学の法学部は、最悪の場所だった。当時、ドレッドヘアで日本の着物を着て学校に行っていたせいか、伝統と格式を重視する法学部の教授たちからはずいぶんひどい扱いを受けた。

どうして私がそんな格好をしていたかといえば、一つは私がその頃モデルの仕事をしていたということもある。それと同時に、英語でDon't judge a book by its cover. と言うように、人は外見だけでは判断できないということの実証実験を、身体を張ってやっていたのだ。

メルボルン大学は、長い伝統を持つオーストラリアのトップ校（The Times Higher Education 2021総合ランキングで世界三一位）であるため、入学するのがとても難しい。ちなみに同校のロースクールは、世界のトップ10にも数えられるほど難度が高い。そして、ブラックレターローイアーといって、白黒をはっきりさせる非常に厳しいオールドスタイルの教育を行うため、名門の弁護士事務所に勤めたり、政治家になったり、外交官になったりする卒業生が圧倒的に多い。一時期、私も外務省で働いて外交官になろうと考えたこともあった。

オーストラリアの大学事情について簡単に説明すると、入学するのも難しいけれども、それ以上に卒業するのが難しい。大学に入るためには、日本と違って入学試験を受けるわけではない。高校で受ける試験によって自分の点数が出て、その点数を基に他の生徒と比べられ、入学できるかどうかが決まる。法学部や医学部を志望するのであれば、オーストラリアの同学年の中でトップ一％以内に入っている必要がある。どこの大学に入学の申請をするかは自由だが、申請したからといって必ずしも入れるわけではない。

私は、大学二年生のとき、大学の交換留学プログラムを使って、上智大学に留学した。オーストラリアの大学と比べて信じられなかった光景がある。日本の大学生は、高校まで塾に行って頑張って難関大学に入学すると、勉強せずに四年間を遊んで過ごし、会社に入るということだった。小、中、高のシステムの中で苦労をして勉強し入学したので、大学の四年間は羽を伸ばしたいと考えるのかもしれない。

友だちの何人かは、私に「ベンちゃん、英語で論文を提出しなければいけないんだけど、何もできていないから、ちょっと書いてくれない？」と頼んできた。時間はたっぷりあったはずなのに何もしていないなんてどういうこと？　と呆れ返ってしまった。

当時、日本では有名大学に合格さえできれば、大学のネームバリューによってランクの高い会社に就職できていた（二〇〇〇年前半の状況で、早稲田、慶応、上智などの学生は、留学経験があり外国語ができれば、そんなに勉強をしていなくても一流企業の内定をもらっていた）。この例に限らず、とにかく日本人はネームバリューに弱い。そのため中身を見ずに表面だけを見る傾向がとても強いが、私には不思議でしょうがない。

今、私は独身だが、たとえ結婚して子どもが生まれたとしても、日本では子どもの教育を行わないだろう。現在の教育システムだと絶対楽しくないし、国際的に通用する人間性が育たないと感じるからだ。大学に入るための努力といっても、することは暗記だ。つまり、暗記力＝成功というのが、日本の教育システムの本質なのだ。これは一刻も早く止めたほうがいいと思う。

もちろん基本を理解するための暗記は、最低限必要だ。でも暗記ばかりしても新しいものを何も生み出すことはできないし、このシステムでは想像力も生まれない。漢字や数字を覚えるのは当たり前だが、それはベースとなる知識を固めるためのものだ。大事なのはそこから自分の味をつけていくこと、つまり応用力である。今の日本には、そこが決定的に欠けているために、日本からイノベーションは起こりづらいと言われるのだろう。

他人の評価を気にしている限りイノベーションは起こせない

日本人が他者の評価を非常に気にしすぎるのも、ネームバリューのみで判断し、本質となる中身を自分自身の頭を使って判断していないからだろう。外見ばかりを重視するので、中身を判断する目も養われない。

判断力がないというのは、自分の頭で何も考えていないということだ。そういう日本人が多いということは、留学時代によくわかった。実のある勉強を何も行わないまま四年間を漠然と過ごし、社会に出ていく中身の空っぽな二十代の若者たちがこれからどうやって生きていくのか、他人事ながらとても心配になった。

最近、二十代の日本人のインフルエンサーたちと話す機会があった。彼らがこれからの日本をリードするのだろうと思い接したが、間違いだと気づいた。ただ口を動かして話しているだけなのだ。私は彼らに何一つ魅力を感じなかった。インフルエンサーとしてのエッセンスも、個性も、クリエイティビティもない。見た目は奇抜でアーティストを装っていても、肝心な中身が何もなかった。

今の二十代の特徴として、会社に対するロイヤルティーがほぼゼロということだ。戦後の日本を築くことができたのは、会社が終身雇用制度を掲げて、皆が安心して働ける環境を一所懸命整えてきたからだ。それがすっかり失われてしまった反動からか、若い人は会社をキャリアアップのための踏み台として捉え、ロイヤルティーを持つ意味も感じていない。しかし、私はこの傾向をいいとは思わない。

確かに、これから日本で一つの会社に一生いる人はいなくなるかもしれない。でも、私は会社というシステムの中にいる限りは、そこのルールに従って仕事に全力を尽くすべきであると考える。そうしないと何も身につかないということを、クリフォードチャンスにいた経験からも実感しているからだ。そんな中途半端な状態で三十代を迎えても、悲劇である。

人間は変わろうと思えばいつでも変わることができると言う人もいるが、実際には、年を取れば取るほど思考は固くなり、現状に慣れて、変わる勇気が失われてしまう。特に四〇歳を過ぎてから突然変わろうとしても、至難の業である。

でも二十代であれば、思考回路が柔軟なので、どんなかたちにも自分自身を変えることができる。そのためには、見た目の良さばかりを気にすべきではなく、中身を磨かなくては意味がない。そのためには何が必要かを真剣に考えて行動を起こすべきだと思う。

私は世界中を旅したが、どこの国も二十代はほぼ一緒であるという実感を持っている。現代は、iPhone、iPad、MacBookといったデジタル機器が仕事や生活の中心にあり、日用品は北欧のイケアのような量販店を利用する。それが先進国と呼ばれる国々の一般的なスタイルだ。類似商品があふれる中で暮らす若者は、ソーシャルインパクト（社会的影響力）や環境保護を意識する半面、大量消費や使い捨てにも慣れている。

世界の若者に共通するのは、自分自身がこれからどのように生きたいのか、何をしたいのかがよくわかっていないということだ。人が行っているので真似をしている人が多いだけで、自分自身の核《コア》が存在しないのである。

良かったエピソードがある。

二〇二一年二月、岩手県陸前高田市で震災復興支援のためのドキュメンタリーをつくるため、同市にある今泉天満宮の宮司さんにインタビューを行うことになった。初日のインタビュー時、宮司さんはスーツを着てやってきた。その格好が、映像として残すには私のイメージと合わなかったので、「明日は神主の衣装で来てほしい」とお願いしたところ、次の日は衣装を着てくれた。衣装を着れば、神主らしい威厳が出る。それを映像として残すことができた。

実は、宮司さんは神職の衣装でもスーツでもどちらでもいいと思っていたようだ。それは、見た目よりも中身が大切であるということが本当にわかっているからだ。

私はこの話を若い人たちに強調したい。見た目にばかり気をつかう時間とエネルギーがあれば、中身を磨くことに集中する。そうしないと、世界をリードする人材が育たないからだ。本物の中身を評価するような世の中にならない限り、本物のアーティストは評価されず育たない。その結果、食べていくことができずにアーティスト活動をあきらめてしまうという悪循環となる。

この流れを何とか変えていきたいと私は真剣に考えている。そのためには、サステナブルでウェルネスな仕組みを構築するためにどうすればいいか。まず、ファンドレイジングで世界中から資金を集め、アーティストにも出資してもらってユニオン（協同組合）のような組織をつくる必要がある。クライアント頼みではなく、世の中の人が見るに値する本物のアートをサポートしていくのだ。稼いだお金を積み立てることで、ミュージアムの建設費用にあて、そこで展示会を行う。この動きをさらに大きくしていく構想を持っている。

二〇二〇年末、ある組織のキーパーソンに会いに行った。彼らと一緒に、東日本大地震から一〇周年のパフォーマンスを計画していたからだ。私は彼らの目を見て、「あなたたちは、これから行う活動を通して、日本人として世間に対して何を言いたいのですか、伝えたいことは何ですか？」と聞いたが、皆黙っていた。

日本人は、白黒をはっきりさせるような意見を表明することを好まない。答えを求めても、自分で決めようとしない。これは日本人の特徴なのかもしれないが、自分がどうしたいのかを言葉で伝えられないのは、世界的には伝えたいことがないとみなされる。自己表現をしない、あるいは苦手としているところに、日本にイノベーションが生まれづらいとされる一因がある。

日本人の中にも、世界的に評価されるような優秀なアーティストも、エージェント、ジャーナリストもいる。世界的なアートディレクターである石岡瑛子氏（一九三八―二〇一二）は、非常に独創的な思考を持っていた。ユニークでインスピレーションにあふれる作品を数多く手がけている。こういったものは、わかりやすい製品でないため、なかなか評価しづらいが、今の日本人は、目に見えるもので、しかも誰か――たとえば著名人や芸能人など――が「良い」と評価したものを評価したがる傾向がますます強くなっているように感じる。その結果、独創的なものが少なくなり、ものまねが幅を利かせる。内容や性能は同じなのに、少しだけ形を変えて何食わぬ顔で新発売と称して発売される。

自動車メーカーに勤めていた友人が、これと同じようなことを言っていた。ドアのパーツなどを少し変えただけなのに、新しいデザインとして売り出したことがあったそうだ。

昔の車は、ポルシェでもボルボでもトヨタでもフォードでも、それぞれのスタイルがあった。それに比べると、今はメーカーが違ってもスタイルはほとんど同じという車が多くなりつつある。同じ工場で組み立てているのではないかと邪推するほど、似ているのだ。

現代を生きる人間も同じかもしれない。オーストラリア人の二十代も日本人の二十代も、アメリカ人、ロシア人、イギリス人の二十代も、みんな同じグローバルブランドを見て育ち、一つの尺度しか持ちあわせていない。だから、自然と思考や動きがみんな似てくるのだ。そうなってしまったのは、クリエイターやアーティストの責任も大きいだろう。本来、クリエイティビティの結晶であるはずのアートにもものまねが多くなっている。成功しているアーティストですらそうだ。石岡瑛子氏のような本物の独創性を持つアーティスト、クリエイターが、残念ながら世界的にどんどん減っていっている。

一見何でも簡単に手に入る便利な時代になったが、何もせずにものの価値を本当に理解できるようになるわけではない。きちんとした評価ができるようになるには、自分自身で苦労して学ぶことが必要だ。他の人が「良い」と言っているものだけを盲目的に賛同しているようでは、本物を見抜くことはできない。自分自身の魂が震えるような本物に死ぬまで出会えないだろう。

独自のネットワークをつくり、パワーを手に入れる

今の日本において、アーティストを育てる環境が整っていないと感じる場面に出合うことが多い。たとえば、企業が私の活動を支援しようとしても、税務上のシステムの問題でできなかったこともある。日本だけでなく、オーストラリアにおいてもアーティストに対する政府や企業の支援は十分でない。

われわれアーティストにとって、しっかりした政府の支援を感じるのは、オーストリア、フランス、イタリア、ドイツといったヨーロッパの国々だ。ロシアにもアーティストに対する支援の仕組みは存在するが、旧ソ連時代からの共産主義的な考え方が根底に残っているためか、旧西側諸国などとは良くも悪くも支援のあり方が異なる。

たとえば、二〇一六年、私がロシアのチャイコフスキー記念国立モスクワ音楽院に雇われていたときは、給料は非常に低いが、アーティストは協同組合のような組織に加入するため、住むところは保証されていた。食事も食堂で済ませば非常に安く済むので、生活には困らなかった。

ただ、ロシアの場合は、プーチン大統領がそれほどカルチャーに関心を示さないのでロ

シアにおける社会システムのエラーが多すぎて、アーティストにとっての環境の良しあしについては、評価しづらい点はある。とはいえ、ロシアの制度は、オーストラリアや日本よりもずいぶんましであるのは強調しておきたい。

ヨーロッパには、アーティストにとって活動しやすい仕組みが存在する。EUという一つの連邦になっているので移動しやすいし、アーティストが育ちやすいプログラムが数多く設けられている。日本人がヨーロッパの文化を尊敬するのもそういうところにあるのだろう。

このように考えると、日本も、ヨーロッパと同じようなことができるはずだ。資本もあるし、タレントもいる。文化に対する投資に本気になっていないだけで、文化政策をしっかり確立すれば、日本は欧州と並ぶ文化大国として世界に名をとどろかせることが可能だ。

文化に対するヨーロッパと日本の尊敬の度合いを比べるのであれば、現代アート（コンテンポラリーアート）と伝統芸術を分けて考えたほうがいいだろう。なぜなら日本の現代アーティスト——たとえば、オノ・ヨーコ氏や村上隆氏やチームラボなど——は、日本の伝統芸術を担っているのではないからだ。

日本の中でヨーロッパのクラシカルな文化と比較されるのは、歌舞伎、能、雅楽などの伝統文化である。それらに対して政府がどれくらいお金を注いでいるかを見ると、違いがよくわかる。ヨーロッパの国々と比べてみると、文化支援の貧弱さがよりはっきりするだろう。

伝統芸能だけに限った数字ではないが、二〇一七年の美術関係に投じる予算は、国と地方を合わせると日本は四〇〇〇億円程度であり、フランスのそれは二兆円程度と五倍の開きがある。美術館関係に投じる予算の割合を国家予算ベースで換算すると、日本は国家予算の〇・一％、フランスのそれは一％と、一〇分の一程度でしかない。何とも残念で寂しい結果だ。

新しいアート＝テクノロジー×サイエンス×アナログ

現代アートについて言えるのは、社会からの敬意や支援の仕組みがない中において、新しい表現はしづらいということだ。結局、創作するにも何かをベースにするほかなく、私もクラシック音楽をベースに新しい表現を行っているというのが、現状である。

要するに、新しい表現とはいかに自分らしく表現できるかどうかということであり、建築、ファッション、音楽……、どの領域でもすでにあるものをベースにして自分の味をつけるということだ。

　私の場合は、ITと科学、テクノロジーとサイエンスを掛け合わせ、それらをどうすれば自分のファインアート（純粋芸術）であるアナログのアートと融合させていくことができるかについて、日々格闘している。テクノロジー×サイエンス×アナログのアートの可能性を見出したことも含めて、非常に新しい表現方法であると評価して下さる方も多い。それが本当に新しいものなのかどうかは、正直、自分でもよくわかっていないが、現代に合わせて作品の形を日々変えているという点においては、テクノロジーとサイエンスを活用し世界の最先端で活動していることは間違いない。

　これらの活動を行うために不可欠なのは、世界中の人々とのネットワークだ。

「ベンジャミンはこれまでどうやってアート活動を続けてきたの？」とよく質問される。繰り返しになるが、社会人経験があり、ビジネスの現場やビジネスピープルをフラットに見てきたことが強みになっているという答えになる。アーティストの多くは、自分だけは別次元にいると思っているのかもしれない。自我が強く、威張っていて、「俺が、俺が」のような人も多い。もちろんアーティストなので、そのくらいの自信と集中力がないとすぐれた作品は生み出せないとも言えるし、自我と欲望が強くないとアーティストとして成り立たないのは確かだ。しかし、それのみの人は、アート活動を仕事として持続していくために大変な苦労を味わっている。

彼らの世界観においては、この世の中は金持ちとアーティストとロボットの三つに分かれているのだろう。毎朝きちんと起きて出勤する人たちと、クリエイター、ミュージシャン、ＤＪ、画家は、全然違う世界で生きているとみなしているのだ。

しかし、アーティストの九割は偽物《にせもの》なのではないかと私は見ている。アートを趣味ではなく、仕事としてきちんとお金を稼ごうとするのは、本当に大変だ。週末に友だちと一緒に展示会を行うというやり方自体を否定しないが、それは結局、自らの作品の市場価値を下げることになる。お金には縛られたくないと言いながらも、現実は、お金がないことに思い悩んで細々とした生活を送らざるを得ない。それは、お金でがんじがらめになっているということではないのか。

アーティストがビジネスパーソンに対してロボットと揶揄するのは、彼らがミッションを持って生きているように見えないからだろう。現状の資本主義、民主主義のシステムがベストかどうかはわからないが、生活を維持するために働いている人がほとんどにちがいない。特に第二次大戦後、日本社会のかたちが固まってきたため、その流れに乗って生きることが当たり前になったように感じられる。そのほうが生きていくために楽だからだ。その結果、政治や社会問題には無関心で、関心事は自分の回りのみという人が増えた。しかし、会社と家を毎日行き来するだけの生活を皆、幸せだと感じてはいないだろう。抜け出せない罠《わな》にかかっていると捉える人も多いかもしれない。

どうすればその罠から抜け出すことができるのか。そこでメディア、政府、金持ちのことを考える必要が出てくる。つまり、パワーの話だ。パワーを持つことで、罠から抜け出すことができるのだ。ロシアのプーチン大統領のことをよく知る知人たちの情報によると、プーチンは、お金とパワーのどちらかを選ぶとなれば絶対にパワーを選ぶだろうとのことだ。それは私も一緒だ。お金を選ぶのであれば、アーティストではなく弁護士の生活を続けていればよかった。しかし、パワーを身につければ、何ものにも束縛されない自由を手にすることができる。アーティストにとって、これ以上の価値はない。私が自分のネットワークを世界中にどんどん広げていっているのも、パワーを手に入れるためである。

あらゆる表現は過去にあったものを思い出して再現している

日本は暮らすには非常に便利な国だ。でも、大量消費社会の中で多くの無駄が生まれ、それらがゴミや残飯として廃棄されている。それは日本人が本来持っている精神に反することだ。日本人は自然と共に生きてきたはずなのに、なぜその精神を捨ててしまったのか。二〇二一年元日に観た映画『えんとつ町のプペル』の主人公のプペルは、ゴミ人間という設定だった。作者の西野亮廣氏は、クラウドファンディングでうまくコミュニティを完成させている人だと私は評価している。彼はメディアにバッシングされたり、仲間外れにされたりしているが、すぐれたクリエイターである。宮崎駿氏とは全く異なる世界観の物語を彼は作りあげた。

宮崎監督作品で展開されるストーリーは、どちらかといえばスピリチュアルで優しくて、日本人の魂やスピリチュアリティ（霊性）を子どもに託すことで、世界観が描かれている。宮崎監督のアニメーションは、世界で大変愛されているが、字幕の英訳に問題があると感じた。また、映画で結構難しい日本語を使っているので、外国人にとって内容の九割は理解できていないかもしれない。それでも、彼のストーリーからは日本を救いたいという強烈なメッセージを感じ取ることができる。宮崎監督は、自身の映画を通じて、「日本人のあるべき姿」を思い出させようとしているのではないか。

黒澤明監督の映画もそうだ。私は、黒澤作品から大いに影響を受けている。映画というメディアで、日本本来の美しく切ない文化をわかりやすく描いている点が素晴らしい。自分自身の生き方として参考にしていることも多く、心から尊敬する映画監督の一人である。

インスピレーションを感じさせる技法にはいろいろな方法があるが、時代、時代に合わせ、やり方を変化させていくことが大事だ。たとえば一九九〇年代に国際的某財団法人は、アフリカのお腹の膨らんだ赤ん坊と痩せ細った母親を三〇秒間ひたすら流すＣＭをつくった。それを見た視聴者は「かわいそう」と感じただろう。でも、その財団法人はそのＣＭを二〇年間変わらず流し続けた。すると、かわいそうと思う半面、「またあのＣＭか」と思う。人間は、同じものを見続けると慣れてしまい、感覚が麻痺するのだ。その結果、本当に伝えたいことが伝わらない。

クリエイターは、常に観る側のインスピレーションをかき立て続けなければならない。そのために、作品の形を時代の変化と共に変えていくのだ。見飽きる、聞き飽きるという人間の習性を忘れてはいけない。それがクリエイティビティにとって一番大事な点だ。形を変える工夫を重ねることで、人間は本能でそれらを新しいと感じる。中身が新しくなったわけではなくても、感じ方が変わってくる。先ほど、自動車会社における新車の話を持ち出したが、ここでの変化とは全く次元が異なるものであると、重ねて強調しておきたい。

私はシャンパンの泡をサンプリングして、その音をチェンバロとチェロで表現したり、遺伝子音楽のアプリを作ったりして、さまざまな〝世界初〟となる作品を発表している。

実はアートの世界において、全く新しいものは存在しないという確信をもっている。法的には、自分が開発・発明したものについて特許申請をして認められれば、「これは自分がつくったものだ」と主張できるのだ。でもアートに関して言えば、過去にあったものを思い出して再現しているという表現がぴったりくる。

人間の文明は、この地球でぐるぐる回り続けている。オーストラリアのアボリジニには、三万年から五万年の文明が存在するという説もあるが、アイデアも発明も情報も、太古から地球上で回り続けているものが、形を変えて繰り返し現れているものであると私は解釈している。

長い間忘れられ、記憶の中から消えてしまったものが、膨大に存在していて、「忘れているもの」を思い出して「新しいもの」として再発見しているのではないか。アーティストも過去からインスピレーションを受けているのである。

クラシカルと称されるものは、今そう見えているだけで、いつの時代においても、表現されるものはすべてアヴァンギャルド、つまり前衛的な存在だった。ピタゴラスが提案したアルゴリズムも当時は前衛的なものであり、モーツァルトもバッハもダ・ヴィンチもアバンギャルディストだった。

しかし、彼らはどこからインスピレーションを受けて作品を生み出したのか。それはどこにあるのか？　大自然かもしれないし、そもそも自分の脳に生まれついていた何かかもしれない。どこからということははっきり断言できないが、確かにどこかからインスピレーションを受け取っているのだ。

本物のアーティストとは、そんなインスピレーションに形を与えることができる人なのだろう。たとえ人間の記憶から消えたとしても、ＤＮＡにはしっかりと記憶されている。だから、人間が本来持っているＤＮＡを呼び戻すことが重要なのだ。

天から降ってくるものに気がつくところからすべてが始まる

古くは哲学的な話をするということは、一種のスピリチュアルな体験のようなものだったのではないか。かつて、地球は立体ではなくてフラットであると考えられていたし、惑星も四つほどしか発見されておらず、それらの惑星は地球の周りを回っている（天動説）と考えられていた。コペルニクスが一六世紀に太陽の周りを他の惑星が回っているとする地動説を発表してから、人類の世界観は一八〇度ひっくり返ってしまった。でも、そのような新発見はこれからも出てくるだろう。常識と思われていたものが変わることもあるだろうし、それが科学の面白さでもある。

哲学、心理学、コスモロジー（宇宙論）などは、スピリチュアルなニューエイジ的、ヒッピー的な学問のようにみなされるかもしれない。それに比べると、科学は学問的に見て論理的であるからこそ信頼されやすいのだろう。しかし、天動説から地動説への転換により世界が一変したように、科学も絶対的なものではない。私から見ると、科学も社会の変化に寄り添って生きているにすぎないのである。

過去の発見が新しいものの源になっているとすれば、すべては一つにつながっているのではないかと思う。さまざまな情報がいつも頭の中で回っていて、ある日、その中から閃きが起こる。そのインスピレーションを受けた情報をメモしておくだけで、人生は大きく変わるのではないか。

二十代の頃、半年間、オーストラリアにあるトヨタ関連会社のアイシン精機で働いたことがある。溶接ロボットの使い方とロボットの操作、製品の品質チェックのやり方を外国人の工員たちに通訳するのが、私の役割だった。同僚の一人にポリネシア人のシャーマン（宗教的職務者）がいた。彼女は私よりも二〇センチ背が高く、恰幅よく、主にロボットの操作や品質管理を担当していた。

今でもよく覚えているが、彼女はこんなふうに言っていた。

「opportunity（機会）は天から降ってくるもので、自分がそれに気づいて摑まなければ、違う人にそれが行ってしまう。自分で摑んだとしても行動を起こさなければ、いつの間にかなくなって、それは違う人のもとに行ってしまう」

この考え方はすごく面白かった。彼女が言うように、すべては「気がつく（気づき）」ことから始まるのではないだろうか。新しいアイデアにしても、天から降ってきたことに「気づく」ことがきっかけになるのではないだろうか。

では、どうすれば、大切なことに気づくことができるのか。たくさんのストレスがあり、心がネガティブで不安になっているときは、自分の周りで起こっているわずかな変化に気がつくことはないだろう。気持ちが自分の内に向いていて、自分をコントロールすることで精一杯だからだ。そんなときは自分自身も人に会いたいとは思わないし、いいアイデアもなかなか降りてこない。

それとは反対に、「元気で心がオープンになっているときは、気持ちが外に向いているので、いろいろなものをキャッチしやすい」と彼女は言っていた。つまり、マインドセットをポジティブなものにしてマインドフルネスを実践できれば、ウェルビーイングな状態になりやすい。

アイデアを手にするためには、インスピレーションを受けやすい状態をまずつくり出さないといけない。そのうえで、インスピレーションを受けたときにどうするかが大事になる。彼女が教えてくれたように、いいアイデアを得たとしてもすぐに行動に移さなければ、せっかく得たインスピレーションも離れていってしまうのだ。

「先輩後輩」「師弟」の関係を超えたシステムを立ち上げる

二〇二一年三月、私は東京都世田谷区にある瀬田玉川神社に足を運んだ。岩手県陸前高田市にある今泉天満宮の宮司の息子さんが神主をしている神社だ。その帰りに、かつて渋谷でスナックを営み金婚式を迎えた九一歳のご夫婦と、神主と私の四人で食事を楽しんだ。私はそのスナックによく歌いに行っていたが、残念なことに平成の終わりとともに閉店となってしまった。

久しぶりに会って話をすると、二人とも九一歳なのにしっかりしている。私がスーパーに皆の弁当を買いに行こうとすると、おばあちゃんは「一緒に行くよ」と言った。彼らと話をしていると、不思議と私も元気になる。彼らほどの年齢になると、「明日はどうなるかわからない」という気持ちなので、未来の話より過去の出来事が話題になることが多い。つまり、「あのバブル時代はさ」というような話になるが、それがかえっていいのだ。

人生経験の少ない人たちがそんな時代の話を聞くと、過去のことを知るきっかけになり、未来を考える際のヒントになるのではないか。先人の話はためになる。過去と未来はつながっているので、人間が起こす行動は良くも悪くも過去に起こったことが形を変えて未来にも起こっているからだ。

バブル時代の状況を知ることができれば、ビジネスのアップダウンの原理を知ることができる。同様に、先人から戦争体験を聞くことが、人間が過去に何度も繰り返してきた戦争の愚かさを知り、二度と起こさないための知恵を共有することにもつながるのだ。

私が大好きだった祖母の話もさせてほしい。私の家では、両親が忙しく働いていたので、祖母とよく時間を過ごした。広島県出身の祖母は、アメリカが落とした原爆で被爆した。終戦後にオーストラリア兵であった祖父と結婚し、一九五三年にオーストラリアへ移住してきた「戦争花嫁」である。祖母は躾《しつけ》がとても厳しい人だったので、私の母も非常に日本人らしい感覚を持ち、私に対してもしっかりとした躾を行った。

私が、日本人以上に日本的な感性と感覚を持っていると多くの人から言われるのも、幼少期に受けた祖母の教えを受け継いでいるからだ。被爆三世として、広島に関することは昔から非常に意識して生きてきた。祖母などを苦しませ続けた愚かな戦争を二度と起こさないためにどうすべきか。人道的視点に立ったリベラルな社会を実現させることが、歴史の反動を防ぐ一番の方法であると確信して活動している。

祖母は、目上の人をリスペクトすることの大切さを私に教えてくれた。日本には「先輩後輩」「師弟」という特徴的な上下関係が存在するが、外国人にはこの関係がわかりづらい（外国人に説明する際は、「先生と生徒」に置き換えたほうがわかりやすいかもしれない）。「先生」という字は「先に生まれる」という非常に美しい表現だが、何か新しいことを言っているわけではない。先に生まれて気がついたことを後から生まれてきた人に伝えて残していくのが、先生の役割である。そう考えると、先生と生徒は、どちらが上で、どちらが下ではない。外国人は剣道、合気道、ヨガなどの道場に入門する際、先生が上、生徒が下と解釈しがちだが、本来の意味はそうではない。先生は先に生まれている者として持っている知恵を生徒に伝える役割を担っているだけだ。

外国にも、先輩・後輩とか師弟という概念は存在し、年上をリスペクトするのは、どこの国でも変わらない。それらの言葉はロシア語にもあるし、フランス語にもある。しかし年々、目上の人をリスペクトする意識が少なくなってきている。たとえばオーストラリアは移民の国なので、上下関係はごちゃごちゃである。

それに比べると、日本は今でも上下関係に厳しい国のように見える。日本の縦割り社会は、江戸時代の士農工商からきているのかもしれない。

江戸時代は、全体の六％にすぎない武士階級が残り九四％の上に立っていた。今の日本社会は封建制ではないが、士農工商の時代から制度と意識はあまり変わっていないように見える。だから日本人はなかなか目上の人に口を出せず、言いたくても我慢してしまうのではないか。インドのカーストシステムのようなものが無意識のうちに存在しているかのようだ。だから、それぞれの人は、分をわきまえ、自分の領域のみで活動しているのではなかろうか。これは非常に日本人らしい発想だが、イノベーションを阻《はば》む大きな要因にもなっていると思われる。

目上の人をリスペクトするのは大事だが、盲目的に従う必要はない。先に生まれた人が教えてくれることに耳を傾け、必要なものを自分で選んでそれを活用し、自身の成長に役立てる。そういう関係がつくれればいいのではないかと思う。

私が連携している二つの会社は、社長が共に二十代である。でも、セオリーだけで動いていることもあり、うまくいかないことも出てくる。そこで年上の先輩や先生に学んで、セオリーを応用して知識を知恵に変えるようにアドバイスをすると、途端にいい実績を上げることができた。

知恵を伝えることで、それがヒントになり、より早く成功の道を歩めるというのが「先生と生徒」のプロセスだ。でも、日本の先輩後輩システムには、知恵を伝える仕組みがない。とにかく上が偉くて、下はただ上を恐れるだけだ。それだと組織は硬直化してしまう。士農工商のシステムの中では、下級の役人が違法に百姓から税を巻き上げるケースが見られたが、同じような仕組みが残っているのではないか。

私の感覚では、明治維新以降の日本はサムライの時代の気風が廃《すた》れ、アメリカをはじめとする海外からの影響を強く受けるようになっていったように感じられる。そして第二次世界大戦後、日本の伝統的なシステムと西洋的なシステムが入り交じった。明治時代以降、江戸時代で言えば下級の役人クラスが、社会の上層部に上がってきた。そして、その人たちがトップレベルのプレイヤーと見なされて存在している。政治家、金融機関、エンターテインメント、不動産業界などには、そういうプレイヤーがたくさんいる。文化よりもお金に重きを置く人たちだ。

私の祖母方の祖先は、毛利元就の家臣だった。毛利家はパトロンとして萩焼を育てた。しかし、時が経つにつれて、教養のない人間がパワーを持つようになった。彼らには日本の伝統的なカルチャーを守る意識も知恵もなく、その結果、日本の伝統文化は衰退していったのではないか。リーダーの資質を具《そな》えていない人間が社会をリードすると、ろくでもない結果を生む。それは、これまでの歴史が繰り返していることだ。

彼らは貪欲で、お金儲けが上手だ。私が知っているそうしたリーダーの一人は、非常に人間をよく観察していて、「どうすれば自分の望むように動かせるか」を熟知して、詐欺師のように人の心を巧みに操ることに長《た》けている。

文化に対する理解のない人たちがリーダーになることで、日本人の生活を支えてきた伝統的な文化はまともな支援が受けられず、当代が亡くなると、跡継ぎもいないため、廃れるしかない状態に陥る。あるドキュメント番組で観たが、接着剤や塗料として使われる漆《ウルシ》を木から取る人は、日本全国で数えるほどしかいないという。漆の木そのものも絶滅しそうになっているという話だった。

また、パトロンとして日本の文化を支えてきた教養ある人たちがいなくなったという話は、私がよく訪れる京都においてもよく耳にした。知人の呉服屋の社長も亡くなり、日本一の着物のシミ落としの名人も入院し、バチカンに献上した帯を織った職人も病気になっている。皆後継ぎがおらず、このままでは廃れてしまうのは、想像に難くない。

ロマンチックな発想かもしれないけれども、本当のサムライ・スピリッツを理解する人たちが日本の有力なリーダーとなっていれば、文化を守るパトロンとして手厚いサポートを行っていたのではないか。残念だが、現在、日本をリードすべき人たちは、サムライ・スピリッツを持っていないように見える。

みんなが幸せを感じられる世の中をつくることをミッションにする

アーティストだけではなく、人にはそれぞれ自分のミッションが存在するはずである。それに気づくことがないまま人生を送ることに、果たしてどんな意味があるだろうか。自分のミッションを見つけるということは、人間にとって大事な課題だ。ミッションは人から与えられるものではない。自分で見つけ出さなければならないのだ。

オーストラリアには、仕事＝社会貢献・奉仕という考えが存在する。一所懸命働くことが社会の役に立つのというのは素晴らしく、それがミッションだという考えもあるだろう。しかし、すべての人が仕事こそが自分のミッションで、それによって社会に役立っていると考えるわけではないのも事実だろう。

タクシーのドライバーであっても、資源回収の担当者であっても、建築家であっても、医師であっても、それを自分のミッションであるとみなす人もいれば、そうではない人もいる。

　私は一時期、弁護士として活動していたが、それが最終的な自分のミッションであるとは思わなかった。「石の上にも三年」と、三年間は社会人として我慢して働いたが、それは社会人としての経験とお金を得るための手段以上のものにはならなかった。弁護士の仕事によって社会に貢献しているという意識は、私には最後まで生まれなかった。

　ライフミッションというのは難しく抽象的なものだが、自分のアイデンティティーが必ずしも自分の職業とイコールで結ばれるわけではない。一日八時間の仕事が本当に社会に貢献する時間になっているかどうか、自分自身に問うてもらいたい。

　アーティストが揶揄するように、ビジネスパーソンは巨大なビルの中で働くロボットのように見られることがある。その一方で、今の世の中はそういったシステムの中で働いている人たちや、その人たちが属する企業の支払う税金で成り立っているのも事実である。それらに代わる新しいシステムを私たちが提示していかない限り、この状況は変わらない。

　今の仕事が自分のミッションではないと感じたとしても決して悪くはない。しかし、働くことが苦痛ばかりであれば、不幸だ。ほとんどの人は働かなくては生きていけないので、それがミッションであろうがなかろうが、働くしかない。でも、そのときに自分のマインドセットを少し変えることにより、幸せを感じることができるかもしれない。つまらないと感じる仕事でも、何かしらのクリエイティビティを感じ取ることができるかもしれない。

今の自分がアーティストだからといって、最初からアーティストであったのではない。いろいろな経験を経てきたことで、今の自分が存在する。そう考えると、自分のミッションはアーティスト活動であるとしても、本当にアーティストとして自分のアイデンティティーが成り立っているかどうかは、今でもわからない。

職業というのは、人を区別するための一つの記号でしかない。たとえば僧侶のミッションとは何か。何人かの知り合いの僧侶に聞いたところ、それは毎日何かしら「浄化すること」であるという。浄化というのは、おそらく自分の心を清らかにすることだろうが、これはなかなかいいミッションだと思った。われわれにお坊さんの代わりができるわけではないが、お寺で坐禅をして、読経を行い、自分を清らかにすることは、ミッションとしてとてもわかりやすい。

でも、お坊さんはビジネスもしっかり行っている。葬式もあるだろうし、檀家回りもあるだろう。大きな寺院であれば、観光収入やグッズの売上もある。今、京都の祇園が再び潤っているのは、寺院の僧侶たちのおかげだということを聞いたこともある。

僧侶のミッションが「浄化すること」というのは、お金のために生きないということだ。祇園の話を例にすれば、僧侶はミッションとして浄化しているけれども、片方ではお金をきちんと稼いでいる。しかし、それはビジネスであって、そのお金は、祇園の芸者を支えるためにも使っているわけだ。芸者を支えることにより呉服屋や料亭や、そこに出入りする京都の人たちの暮らしを支えている。本当にいいお金の使い方ではないか。

このようなお金の使い方が大切なのだ。自分が消費するものは、自分で決めることができる。無添加の食品を買うとか、プラスチック容器はやめてガラス瓶に入っているものにするなど、本当に大切なものを見極める判断力をつけたい。それは自分の身体の健康や地球環境の保全を考えて消費をすることにつながる。それも一つのミッションだろう。

一人ひとりがそれぞれの立場でそうした活動を続けていくことで、誰もが得をする社会が実現できる。みんなが穏やかな気持ちで暮らす世の中を目指すとすれば、多くの人にとっての〝いいミッション〟であろう。

結局、私がアートを通じて目指していることも、一人ひとりが生き生きと暮らす社会を実現するための方法なのだ。

イタリアのモード誌『アミカ』に掲載

2012年に写真家のジョバンニ・ガステル氏によりセルベッローニ家の大邸宅で撮影され、ミラノ発のモード誌『アミカ』に掲載されたものである。ガステル氏は『山猫』『異邦人』『ベニスに死す』等を製作した映画監督のルキノ・ヴィスコンティの甥にあたり、芸術一家で育ち、イタリア写真家協会の初代会長を務めるほどの実力者として活躍した。スーパーモデルが登場するアルマーニ、グッチなど有名ブランドのショーにおけるメインのショーで、私は演奏する機会を得たのだ。ガルテル氏は残念ながら、2021年3月31日新型コロナにより65歳の生涯を終えた。

撮影＝ジョバンニ・ガステル

第三章
日本人に求められる「限界突破力」

撮影＝緒方秀美

天から降ってきたものに形を与える

アメリカ人作家サイモン・シネックが「Whyから始めよ！」という講義で、「自分の目的、つまり何のためにしているかがわからなければ、あらゆることはうまくいかない」と言っていた。これは、マーケティングの世界でもよく聞かれる話だ。

アーティストはマーケティング的な枠組みの中でアートを語ることはないだろうが、自分の表現を文字にしようとすれば、そこに目的やビジョンやミッションがあることに気がつく。しかし、どんなアーティストでも、「あなたのアートって何？」「このアートワークは何ですか？」と突然聞かれると、心の扉を閉めてしまうだろう。アートというのは、純粋に天から降ってきたインスピレーションで、言葉で説明するのが難しいからだ。

私が岩手の震災復興プロジェクトで演奏した『For our Freedom』も天から降ってきたものだ。だから、これを作曲したときは「なぜ」とか「何のために」とか「お金になるのか」といったことは全く考えていなかった。気がつけばいつの間にか曲ができていた。

しかし、天からインスピレーションを受けても、それを形にしていかないと世の中には伝わらない。科学者や発明家は、自分の研究テーマに没入するが、うまく形になっていないものが多いはずだ。

私が学んできたところでは、いかに美しい作品のイメージを持っていても、ノーベル賞を取れるかもしれないというアイデアを思いついても、自分がこれらを行う理由や目的をわかっていても、それらをどうやって形にしていくかで思考が止まってしまっていた。または、やり方がわからない、自分にスキルがないのでできないといった理由であきらめてしまうことも多かった。

そんなときの合言葉は、「わからなければ誰かに聞け！」だ。そして、誰かに聞いて方法がわかれば、すぐに行動に移して、アイデアの実現を目指す。

私が子どもの頃からよく人に言われていたのは「有言実行」だった。何かをやろうとすると、私は最後まで完璧に実現しようとしてきた。スポーツでも音楽でも勉強でも、始めたら必ず最後までやり遂げてきた。「石の上にも三年」と同じような考え方で、自分が決めたことは多少の時間がかかっても必ずやり抜いてきた。

もちろん、結果として具現化されなかったこともある。金銭的な問題が出てきたり、タイミングが悪い場合もあったからだ。でも、「なぜ」がわかり目的地が決まっていれば、「絶対に負けない」という精神力・勢い・エネルギーで、目標は必ず実現することができた。

そう言うと、「ベンジャミンのような強い生命力がなければ普通はあきらめるよ」と言われる。でも、自分のことでも、誰かをフォローしてその人のアイデアを実現させることでも、それを本気で成し遂げようとすれば、莫大なエネルギーが必要で、勢いをつけて一気に進めなければならない。その結果、「いい仕事をしましたね」とも、「実現はしたけれど、あまりクオリティはよくなかったね」とも言われることがある。いずれの場合も、一流を目指すためにはそこで立ち止まってはいられない。いろいろなプロセスを完璧にこなしたうえで、次のゴールに向けて進まなければならないのだ。

失敗を恐れて外国人とコミュニケーションが取れない日本人

完璧を求めるというのは、非常に日本的なスキルだと思う。たとえば刀を研《と》ぐという場合だと、磨いて鋭くするプロセスの中に常に改善、よりよくするためのアイデアがある。決して同じところにとどまっていない。改善は、日本独特のアイデアだが、よりよくするためには失敗することも大事な意味を持つ。失敗をそのまま放置せず、向上へとつなげていくのだ。これは実に素晴らしいアイデアである。

その一方で、日本人は失敗したくないので行動しないということも多い。その典型が英会話だ。日本人は英語の文章を読むことができるし、英単語の知識も豊富にある。それなのに全く話せない。いや、話そうとしないと言ったほうが適切かもしれない。ロシア人と同じだ。モスクワにいたとき、どうしてあんなに英単語を知っているのに話せないのだろうと不思議に思ったが、失敗して恥をかきたくないからだろう。

英語は話せるようになりたいが、失敗するのは嫌なので自ら積極的に話しかけようとしない。話さなければ失敗しないが、上達もしない。そんな堂々巡りをしているように見える。

音楽も同じだが、言語というのは、新しい単語を勉強してそれを使い続けていけば自然と身についてくる。それをどんどん行えば、必ずできるようになる。実に単純なプロセスだが、日本人の精神的な部分では、失敗は成功のもとであるとわかっているが、失敗したくないのでしないとなるようだ。これも、日本にイノベーションが起こりにくい理由につながっているのかもしれない。

しかし、否応なくビジネス市場は、グローバルになる。英語力がないと、イニシアティブを取ることは難しい。弁護士をしていた頃、日本人のビジネスパーソンがシンガポール人、台湾人、マレーシア人を相手に英語で交渉を進める様子を見た。めちゃくちゃな英語だったが、一応話は通じていて、ビジネスは無事に成立した。案外そういうものなのだ。相手だって、何を言っているかが理解できなければビジネスが進まないので、わからなければ聞いてくるので心配する必要はない。失敗しても気にせず話せばいいのだ。

自分のランクをもっと上げたいのであれば、失敗を気にしていてはダメだ。とにかく自らが起点になって始めるという動きが重要だ。特に言語の習得は、早い頃から取り掛かる必要がある。私はアーティスト活動として三〇歳からローマに住んだが、そこでロシア語の勉強をし始めた。ロシア語は難しかったが、読み取りはできるようになった。しかし、二〇歳のときに半年の勉強で日本語がペラペラになったことを考えると、違いがあると感じた。挑戦するのであれば、できる限り若いうちに始めるべきだ。

日本の教育制度も、挑戦する子どもたちを育てていくようなものに変えていくべきだろう。企業も大学も同じだ。新しく入ってきた人たちが本当に個性ある人間として育っているのかと、疑問に思うことが多い。単に似たようなロボットを育てているだけではないのか、と。

日本はこの二〇年の間、沈んでいく一方で、この傾向が変わる可能性は低いだろう。この状況でどう生きていくかを考えたとき、全員が社長を目指す必要はないものの、自分の人生を構築することができる人間を育てなくてはいけないと思う。

私はよく英語でYou are the architect of your own life. という言い方をするが、自分の人生を構築していくのは、まさに自分自身だ。自分の人生を自分で構築するとは、自分のライフミッションを生きることで、幸せに生きるために必要なことだ。ハッピーになれば継続したくなるし、エネルギーを多く注ぎたくなる。そうすれば成功につながりやすいのは、誰でもわかるだろう。

社会で成功している人は、余裕があるように見えると言われるが、それはなぜなのか。余裕があれば、自分のことだけではなくて社会全般のことが考えられるようになる。逆に、自分のことに精一杯で、毎日起きるのがつらい、会社に行きたくない、仕事をやりたくないという状況であれば、世界平和について考える動機も時間もないだろう。むしろ、怒りやフラストレーションばかりが生まれることになる。

日本では自らの人生を自らの力で構築する力強さを持った人間が、育ちづらい状況にあると感じる。それは非常に深刻な問題だ。ＩＴ化を伴ったグローバライゼーションはすでに二〇年前から始まったと言われているが、ポスト・コロナの時代になると、日本の地方で何ができるかを考えなければならないだろう。その一方でグローバルに動かなければならない問題も多く、環境保護や人権問題といった社会的な問題を解決するため、グローバルな対応が求められる。その前段階として、日本の問題を地域で解決することが課題になる。それがないまま海外と向き合うことは、非常に難しい。

グローバル・マインドセットがそのまま英語力というわけではないけれども、少しずつ海外の人との英語でコミュニケーションを取ろうとする姿勢を育てていかないと、さらなる日本の国際的地位の低下にもつながりかねない。

豊かな国に住む人たちには、世界の問題に対する責任がある

二〇〇一年の話になるが、国連が国際裁判所を設けてポル・ポト派の生き残りを全員刑事裁判にかけようというプランを持っていた。当時、カンボジアのNGOで働いていた私はそれに反対する論文を執筆した。理由は二つある。一つは、そんなことをしても国連の人たちが「仕事をした」と自己満足で終わってしまうだけだと考えたからだ。もうひとつ

は、彼らを国際法廷で裁く意味が、カンボジアの人たちには理解できないという確信があったからだ。そんなことをしても、カンボジア国民にとって心の癒やしにはつながらない結末になると思った。

当時、国連はカンボジアの現地の人たちの気持ちを理解しようとしていなかった。さらに、現地の人たちにとっては、民主主義で定義された「正義」とは何かを理解しづらいだろうという思いがあった。

カンボジアの人たちは、アニミズムの影響でシャーマンが多く、憲法の中にも仏教の教えが反映されている。だから、訴訟をするという意味がわかっていなかったのではないかと思う。同じく仏教の影響を受けている日本人も同じような傾向があるのではないかと思われるが、訴える前に話し合って解決しようというのが、東洋的なシステム思考である。そこには、問題が大きくなるのを防ぐための知恵がある。即効性には欠けるが、じわりじわりと効く漢方薬のようなものだ。欧米人は、このことをわかっていない。

私は、カンボジアで生活したことで、それがよくわかるようになった。だから、法の知識、現地のルールやシステムについて触れながら、「そんなことをしても、カンボジアの人たちのためにはならない」と強く反対したのだ。

問題は、パワーを持つリーダーたちがヒューマニズムを理解していないし、しっかり考えていないところにある。私には、彼らが自分たちの考えを押しつけているように思えた。先進国に住むわれわれは、水があり、食べ物があり、家もあるので、毎日平穏に生きることができるが、それ以外の地域に暮らす人々は物質的に満ち足りているとは言えない。彼らには十分な食べ物がない。水も、衣服も、薬も、教育も十分にない状況に置かれている。日本に住む私たちは、貧しい国から見ると超リッチに見えるだろう。だからこそ、私たちには世界の問題に対する責任がある。働くことは必ずしも自分のアイデンティティーではないが、それが社会貢献につながると感じるのは、働くことでそういう責任を果たすことができると思えるからだ。

今は「ポスト主義」の時代に入っているのだろう。デモクラシー、オートクラシー、コミュニズムなど、いかなる主義であろうが、個人レベルでその是非を考えなければいけない。しかしながら、各個人の心の中は、今、アナーキーでカオスの状態になっているのではないか。

二〇一一年六月に出されたマッキンゼーのレポートでは、スマホが当たり前に存在するジェネレーションZ世代（一九九五〜二〇一〇年に生まれた人々）の感性は、ミレニアム世代

（一九八〇〜九四年に生まれた人々）やジェネレーションX（一九六〇〜七九年に生まれた人々）のそれとは、消費に対する考えや宗教観、ブランドに対しての認識等が大きく異なると分析されている。今まで信じていた価値観がめまぐるしく変化し、地球温暖化問題や新エネルギー問題などこれまでとは違うテーマに対して、新しいスタイルでアナーキーな現状をつくり変えていく必要を痛切に感じているのが、Z世代なのだ。

システムやルールが必要なのは、社会がカオスに陥らないためだ。人間はカオスのような予測できない事態に遭遇すると正気を失うので、システムやルールが必要なのは、理解できる。しかし、心の中がカオスだと自我を忘れ、何も考えないまま行動を起こしてしまう。

そういう人を目覚めさせるために、私は弁護士や外交的な仕事を投げ捨てて、アーティストとしての道を選んだのだ。アートであれば、専門的な知識なしに誰にでも理解することができる。特にその中で音楽を選んだのは、音を聴くのには何の教育も必要なく、聴けば目が覚めるし、心が癒やされるからだ。音楽に癒やしの力があることは、子どもの頃からコンサートをやってきているのでよくわかっている。もう四〇年以上、音楽を実践しているのだから間違いない。

五感を鋭くして、本当に必要なものを見分ける力を身につける

正しい判断力を発揮するには、自分の五感（視覚、聴覚、触覚、味覚、嗅覚）が正常に働いていなくてはならない。そのためには、感覚を鋭くさせる必要があり、断食がいいとされている。食べることをストップして自分のセンスを高めていくわけだ。最近はサイエンスでも、脳には通常の思考をする部分の他にストマック・ブレイン（stomach brain）があることが常識になっていて、酵素の高いものを取ったほうがいいと言われている。

私も、ときどき断食を行っている。五日間や一〇日間ぐらい断食をするとよくわかるが、心が求めている食べ物と、身体が「今、必要なものはこれだ」と教えてくれる食べ物の、二通りがあることに気がつく。断食トレーニングでセンスを鋭くしていくことは、健康のためにも大事なことだ。

人間の身体の八割は、食べた物でつくられると私は考える。食べ物の他にも、自分が栄養として消費するものがあり、たとえば、本を読むことやパートナーとピクニックに行くことや、その他もろもろある。好きなものだけを消費すればいいが、自分の身体に入れる

栄養が自分の脳のかたちを変えていくことを知ってほしいのだ。

だから、身体に毒になる食べ物や商品をつくっている会社・産業は全部、違法にしてほしいという思いもある。人間の身体に毒となるとわかっていて、なぜそれをつくるのか。それは倫理的な問題であるだけでなく、法的にも許されることなのか。

スーパーに並んでいるほとんどのプロセスフーズは、身体によくない。先進国では便利すぎて何でも手に入るために、昔では考えられなかった消費パターンになっている。

自分の五感を磨き、感覚を繊細にしていくためには、自分が消費するあらゆるものに意識を向ける必要がある。どこでつくられたのか、何が入っているのかという表示をよく見て、「この材料、聞いたことないな」と思えば、インターネットで成分を調べてみる。一週間でもそうすると、確実に感覚の変化が感じられるのでぜひ、実践してみてほしい。

こんなこともあった。和菓子を買いに行ったとき、店のおばあちゃんに「何が入っているんですか？」と聞いた。おばあちゃんは、そんなことは聞かれたことがないと戸惑っていた。私が「無添加のものを求めていまして」と伝えると、「じゃあ、ちょっと材料を見てみましょうね」と言って確認してくれた。

保存料でも、植物からできているものであれば安心だ。その半面、有機として認められた農薬を使って栽培する場合はＯＫというシステムも存在するため、有機と表示されている商品だとしてもすべて身体に良いとは限らない。一概に何が良くて何が悪いかは断言しづらいが、まずは自分が良いと感じるものを意識して取り入れるところから始めればいいのではないか。それが、自分のライフポリシーにもつながってくる。

私の事務所の備品は、なるべくメイド・イン・ジャパンで揃えたいと考えている。包丁であろうが、食器棚であろうが、メイド・イン・ジャパンを探している。なぜかといえば、自分が日本で暮らしているので、その国で生まれたものを大切にしたいと考えるからだ。メイド・イン・ジャパンそのものが一つのブランドになっているように、クオリティの高いものが多いので安心して使えるという理由もある。しかし、純粋なメイド・イン・ジャパンの製品は物理的に少なくなっている。それは日本人が、それらを消費しないからだ。日本のアートも同じだ。伝統工芸も、消費しなければ廃れてしまう。

自分が消費するものを意識するということは、歴史的な背景や、つくった人たちのことや、産地のことを知ることにもつながる。それがわかれば世界の見え方が変わってくるのだが、こうした観点を持つ日本人が少なくなった。日本人はローカルの大切さに気がついていない。羊のようにおとなしくて、誰かが良いと言ったものをみんなが一斉に買う。もっと自分の国で伝統的につくられてきたものを知って、大切にしてほしい。

戦後、化学調味料が非常に流行した。これを使うと「おいしくなる」と言われ、何にでも入れていた。でも、あるとき、日本人は「これは身体に良くないものである」と気づいた。そこから日本のオーガニックブームが始まったのではないかと私は思っている。

要するに、みんな、何も考えていないのだ。身体に良いか悪いかに関係なく、「みんなが使うから私も使う」というのが日本人の特徴である。しかし、よく考えずに使うというのが、一番危ない。もう少し、しっかりとした事実を根拠にした判断力を養わなくてはいけないのではないか。

見る目、聞く耳、すべてを鋭くしていかないと、本当に必要なものがわからなくなってしまう。身体にも心にも、良いものを消費するようにしていかないと、大切なマーケットがどんどん消滅していく、という事実と真剣に向き合うべきである。なくなってからその大切さに気づくことはよくあるが、一度手放したものをもう一度取り戻すのは容易ではない。それらの責任は、消費者であるわれわれにある。だから、購入するときにはよく考えて、消費しないほうがいいものはなるべく購入しないことだ。自分にとって本当に必要なものとは何かについて、しっかり考え直してみるべきだ。

自分のゴールを達成するために何をすればいいか

知らないことは誰かに聞けばいいと、何度も述べてきたが、自分が理想とするゴールに到達するためには、インターネットをうまく利用すればいい。

たとえば私がAという雑誌に出たいと考えたとしよう。私はまずA誌のウェブサイトを見て編集長を探し、その人がインスタグラムやツイッターやフェイスブックをやっているかどうかを調べる。すると連絡先が見つかる可能性があるので、メッセージを送ってミーティングの約束を取りつける。ミーティングの席で自己紹介をして、うまくアピールすることができれば、A誌に取材されるチャンスも出てくる。

日本人はここまでやらないかもしれないが、「自分の目的を達成するためには、この人にアプローチすればいい」という道筋が見えていれば躊躇せず、行動を起こすべきだ。

私は、会いたい人に会う前に、自分がアピールしたいポイントをプロフィールに添付してメールで送っている。ただ、九割方、事前に見てもらえないと思っておいたほうがいい。これは世界共通だ。せっかく時間をかけて作成したのにと頭にきても、仕方がない。そんなときは、気持ちをリセットしてミーティングに臨む。

先日も、自分の公演のサポートをお願いするために、連絡を取って、ある企業とのミーティングにこぎつけた。五分以内に話を終えようと、ポイントを頭の中に整理して出かけた。事前に送ったプロフィールを相手が見てくれていればと思ったが、案の定、私のプロジェクトについて全く知らない様子だった。

私はプロジェクトの概要をリアレンジして、ポイントを絞って説明したが、結果としては「次回にまた続きを話しましょう」ということになった。しかし、この「次回にまた」は曲者《くせもの》だ。こう言われたら、基本的に次はないと判断したほうがいい。特にトップレベルの人たちは忙しいので、なかなか時間を確保してくれない。だから、「今しかない」と思って、話を進めなくてはいけない。

せっかく会っているのに自分の伝えたいことが理解されないのは、非常に悔しいことだ。もう会えないかもしれないとなれば、その場で粘るしかない。自分の頭の中にあるストーリーを再びアレンジし、もう一度相手を自分の話に引き込む。ゴールを常に自分の頭の中に描いて、相手の関心を引きつける努力をする。これは、自分を売り込むために非常に大事なポイントだ。

私は、「今日のミーティングは特に大事だな」と感じたとき、自分のベストを尽くすためにエネルギーをもらいたいと、感謝する気持ちを天に伝える。五分でも休憩して感謝すれば、天からエネルギーが降りてくる。日本語の「感謝」は、私が大好きな言葉だ。

感謝という言葉は単なる気持ちの表現だけにとどまらず、概念、哲学、そして行動までも表しているように思う。英語のgratitudeとは、観点が違う。感謝＝gratitudeと簡単に置き換えられないので、感謝は感謝と言うしかない。

日本で暮らしてみてわかったのは、感謝がすべての行動様式のベースにあるということだ。自分が生きていることも含めて、すべてのものに感謝するというのが日本人の生き方だと思っている。

そう考えると、相手が自分のプロフィールに目を通してくれなくても、会ってくれることに感謝すればいい。興味を持ってくれ、貴重な時間を割いて会ってくれるのだ。そう思えば、謙虚な気持ちになる。また、自分のことは何一つわかっていないと割り切ってしまえば、相手に対して腹が立つこともない。もし事前に送ったプロフィールを見てくれていたとすれば、それは大きな喜びに変わる。感謝をベースにすると、毎回のミーティングが非常に大事なものに変わる。

大事な人の紹介で誰かに会うときは、紹介してくれた人に、「この方はどういう人なの?」とまず聞くようにしている。有名な人であれば、自分でも調べてみる。少しでも事前に相手のことを知っていれば、話の方向性もいろいろと考えられるからだ。それはコミュニケーションを円滑に進める手段の一つだ。相手を知ることによって、自分が得するものは必ずある。しかし、相手を知ることによって、自分が損することは一つもない。

何度も言うが、知らないことがあれば遠慮せずに聞くことだ。そのときに、一番情報を持っている人に聞くのがベストだ。つまり、「トップあるいは直接の担当者に聞け!」ということになる。グーグルとかウィキペディアで調べるのは簡単だが、できるだけ一次情報を持っている人を探して聞く。記事を書いた記者や開発した研究員などを調べて、コンタクトを取る。それにより、最良の情報を手にすることができる。

Aさんが「これが良い」と断言したからといって、必ずしもいいというわけではない。たとえ自分の両親が良いと言ったからといって、素晴らしいというわけではないかもしれない。まず自ら調べてみる。そういう習慣をつけていくと、何が本物で何が偽物かが見えてくるのだ。単にインターネットを検索して答えを見つけたというのではなくて、そのインフォメーション・ソースを信頼した理由まで答えられなくてはいけない。そのためには自ら動くこと。知識を知恵に変えていくためには、行動を起こさなくてはいけない。

ネットワークをシェアして人脈を広げる

相手を自分の側に引き寄せるためには、相手を説得するパワーが必要だ。このパワーは本来、自分の実績から出てくるはずだが、現実を見ると、ポリティクスとかコネとか賄賂《わいろ》といった裏から手を回す人のほうが、手っ取り早く世に出がちだ。この時代にそんなやり方をしていてどうなるのかと思うが、残念ながら、現実はそうなっている場合が多い。しかし、ビジネス＝プロフィットとなっている今の東京で、これから何かを始めようとする人間が新しいコネをつくるのは、非常に難しい。

ある程度の役職やポジションにある人であればコネクションを持っているかもと期待し、アプローチしてみても、たいした人脈を持っていないことのほうが多い。そういう人は自分の地位に満足していて、人脈を広げることに興味がないのかもしれない。

私はネットワークをシェアすることによって人脈を広げるようにしている。だから、他の人のイベントの宣伝でも一所懸命手伝う。自分のネットワークパワーを生かして、友だちのアーティストのプロフィールを世界中に広めている。時間やお金もかかるが、見返りは求めない。

ネットワークをシェアしようとする人間は、何を奪われても構わないと思っている。そういうマインドを持っていなければ、シェアなどしない。逆に、シェアしようとしない人間は、自分が損をすると思うのでシェアしないのだ。紹介料をもらえないのであれば教えない、という人もいる。要するに、お金や自分のポジションを中心に考えているわけだ。常に自分がコントロールしたいという気持ちが強いのだろう。

特に私が知る金持ちのサークルには、そういう人が多かった。シェアすると自分のパワーを薄めることになると、思っているのかもしれない。世界中の大金持ちが進んでシェアしていれば、ハンガー&ピース（飢えと平和）の問題は簡単に解決できるはずなのに、それをしようとしないのは、彼らが力を失いたくないためだろう。

アーティストの場合は、シェアする文化が結構根づいていると思う。そうしないと活動が存続できないからだ。シェアする人かどうかで、本物のアーティストかどうかがわかる。

お金のことだけを考えるクリエイティブチームは、ビジネスとしてクリエイティビティを利用しているだけだ。そのような人は、本物のクリエイターやアーティストとは言えない。

お金は、環境問題や人権問題など、いろいろな不幸を生み出す基になっている。だから、ミッションがないとダメだが、その使命感も質による。お金を増やすことだけをミッションにするというのであれば、それはいいものではない。これからは、ソーシャルインパクトのある使命感と創造性を基に行動する人が、成功を収めることになるのではないかと思う。

私が仕事としているクリエイティブの分野では、相手からどれだけ任せてもらえるかが勝負になる。すべて一任してもらうためには、相手からリスペクトと信頼を得なければならない。そのためには、過去の実績だけでは足りない。大事なのは、今、何をしているかで、常に実績を出していなくてはいけないのだ。

だから私は、毎年、最低一つ、大きなプロジェクトを職歴として残すように考えている。

ちなみに、ここ数年の私の実績は次のようなものだ。

二〇二〇年は、年始からコロナ禍で身動きの取れない日々が続いたが、それでも同年二月に、先にお話ししたMITプレスに遺伝子音楽についての論文が掲載された。

二〇一九年は、チャイコフスキー記念国立モスクワ音楽院ラフマニノフホールでのコンサートを成功させるなど、プロジェクトを達成してきた。

二〇一八年は、カザフスタンの大統領の許可を得て、外国人として初めてアート・ビエンナーレのオープニングを担当することになり、一週間滞在してキュレーターと共にアーティスト・レジデンスの開発に携わった。

二〇一七年は、メルボルン大学に属するサイエンス・ギャラリー・メルボルンで、STEM（サイエンス・テクノロジー・エンジニアリング・マスマティックス）をSTEAM（A＝アート）に広めるためのアーティスト・レジデンスの開発に携わり、オープニング演奏も担当した。


今はまだ多くのアーティストたちが生活に非常に苦労していて、十分な活動ができていない。私はそんなアーティストの活動をリードしていきたいし、よりよいビジネスリーダーになるためにも活動したいと考えている。単にお金儲けをするだけでは、意味がない。自分がいつか死を迎えるとき、自分の一生を振り返って「本当に意義のある人生を送った」と実感できるような日々を過ごす――そこに人間としてのスピリットがあると思うのだ。

アーティストであれば、本当にいいアートを残したか、怠けてお金をもらっただけではなかったかが問われるだろう。お金のために、どうでもいいようなものを残したり、ものまね作品を残したりというのでは恥ずかしい。どういう生き方をしてきたかという自分自身の問いに、堂々と答えられなければいけない。要は、鏡を真っ直ぐに見て、「私はいい人生を送った」と言えるかどうかだ。

もちろん、人間なので間違ったことをするかもしれないし、いろいろな人を傷つけるかもしれない。悪いことをしたと思ったときには、素直に認めて謝るべきだ。しかし、いつまでも謝ってばかりではなくて、次へ進むべきときには前に進まなくてはいけない。喧嘩をすることもあるだろうし、いろいろな思いがけない出来事が起こることもあるだろうけれども、最後で「いい人生を送ったな」と思えるような毎日を過ごしたい。それがミッションになれば、いい生き方ができるのではないかと思うのだ。

ネットワークを駆使して的確な情報を入手する

東京で活動していて実感するのは、自分自身のネットワークをシェアしない人が多いということだ。しかし、誰かの紹介がないと動けないこともあるので複雑な思いだ。信頼できる人に「この人はキーパーソンだ」と言われて私も何人かを紹介してもらったこともあるが、その後、何も新たなビジネスの展開は起きなかった。信頼する人の紹介だったので、自分自身の頭でよく考えずに、そのまま鵜呑みにしてしまったのが失敗の原因だったように思う。そのとき、もう少し自分のアンテナを張って、自分の直感に従う必要があったと、深く反省した。それ以降は、紹介されたからといって万事ＯＫとは考えなくなった。

そういう失敗はあったが、友人、知人を問わず、ネットワークをシェアすることはとても意味のあることだ。それによって自分の器を大きくすることができるし、もちろん新たな出会いを通じて知識や情報を獲得することもできる。

私が初めてアメリカに行ったときに感じたのが、そのことだった。誰も知り合いがいなかったが、自分のネットワークをシェアして、わずか三日間でたくさんのコネクションができた。アメリカでは、Sharing is caring.（共有することは思いやりです）と言う。私は実際にアメリカでビジネスをしたことがないのでわからないし、口先だけで終わってしまうことが多いと聞くけれども、ある意味で、ネットワーク文化が根づいていることを示している表現と言えるかもしれない。

日本は、もう少し個人のレベルで動いていることが多いようだ。特に京都などだと横に広がるような感じで、顔を借りて動くことも多い。それは悪いことではないと思うけれども、それが自分に合っているかどうかは直感で判断したほうがいい。私が外国人だからというわけではなく、日本人の間でも、人の紹介だけに頼って失敗していることがあると思われるからだ。

オーストラリアの場合、最大都市のシドニーはネットワーキング文化が進んでいるが、第二の都市のメルボルンはそうでもない。なぜ違うのかと言えば、理由は二つ考えられるだろう。メルボルンには、もともとシェアするほどのネットワークが存在しないか、自分の利益にならないのでシェアしないと考える人が多いということだ。

しかし、私が思うには、自分の利益だけを考えている人とはそもそもビジネスが成立しづらい。オープンにシェアして、取引してくれる相手とは非常にスムーズに仕事も進むし、気持ちよく、かつ楽しく、成功への道筋を美しく描くことが可能だが、利益のことばかり言われると、どうしても関係がギスギスしてくる。

だから私も、そこを見て相手のことをはかっている。面倒くさいことになりそうだなと思えば、ビジネスを前に進めない。いろいろな人や会社との出会いや経験など、自分がかかわるすべては自分の人生における複数のタペストリー（麻・ウール・絹などを用いて、絵や模様を織り出したつづれ織り）のように編み込まれていく。それが最後に一つの大きなタペストリーの絵として完成するわけで、どんな人たちとかかわるかによって未来は変わっていくことになる。

特に強い派閥が存在する東京では、誰と付き合うかがビジネスにおいて大きな影響を及ぼす。だからこそ慎重に調べて、そのうえで決断をする必要がある。相手のネットワークを理解して、背後で支えているのは誰なのかを探らなくてはいけない。

そこでも、相手に対して何でも「聞く」ことが大切になる。信頼できるネットワークに「このC社と仕事をしようとしているのだけど、どう思う？」と聞く。「やめたほうがいいよ」と言われたら「なぜ？」と尋ねる。そこで「こういうよくないことを前に行っている」という話を聞くことができれば、「なるほど」と納得できるわけだ。

当然のことながら、そういう情報は、企業レポートには出てこない。だからこそ、なるべく表に出てこない話を耳にするようにする。それは重要な失敗予防策となる。

日本人は関係者の顔を介した紹介が大事だと言うが、自分から積極的にアプローチすることも大事だ。ノーレスポンスであろうと、何度もメールしてもいいだろう。「あいつ、しつこいな」と言われるかもしれないが、向こうが相手にしてくれないのであれば向こうの損になるというぐらいの気持ちでアプローチしてみるのも、いい経験になる。

日本人が「小さなこと」で効率が落ち、機能不全に陥るのはなぜか

日本人は小さなこと、細かなところに非常にこだわる傾向にあるように見える。それがいい方向に進む場合もあるし、停滞や混乱を招くことになる場合もあるだろう。

日本人が小さなことにこだわるのは、株式会社という組織形態で働いていることにその原因があるのかもしれない。もともと、株式会社の原型は軍隊組織にある。つまり、われわれは毎日、会社に戦いに行っているというわけだ。それはともかく、士農工商に象徴される縦割り社会のせいなのか、何千年の歴史を持つ日本人のＤＮＡのせいなのか、日本人には自分の決められた領域以外では活動しないという暗黙のルールがあるように見える。

よく言われるのは、トップダウンのリーダーシップのために、上司のハンコや許可がな

ければ行動できないということだ。それでも何となく社会がスムーズに進んでいるので問題はないと考えてしまうのかもしれないが、一度問題が起きると、あっという間に決定のプロセスと組織が機能不全に陥るというデメリットもある。パンデミックの状況はまさにそうだろう。「こうすれば解決できる」という積極的な意見すら誰も言わず、半ば言えない状況になっている。

大きなことではなく小さなことにこだわるというのもそうで、何か問題が起きたときに動くことができないのも同じだ。日本のやり方が完全に間違っているとまでは言わないが、そのような環境においては、イノベーションを進めたり、積極的にイニシアティブを取ったりするようなリーダーシップ・スキルは育たない。仕事の効率もますます低下していくだろう。

これはビジョンの欠如（lack of vision）につながる話でもある。今の日本の組織は、トップ層だけがビジョンを持っていればOKで、全員にビジョンを持たせる必要はないと考えているのだろう。要するに、トップ以外の人たちはトップの指示に従う奴隷のような扱いになっている。しかし、日本人はバカじゃない。そんな扱いを受ければ不満に思うだろうし、「バカにするな！」と怒るだろう。もし怒らないとすれば、それはそれで大きな問題だ。

問題が起こると思考回路がフリーズ（凍る）してしまう傾向が見られるのも特徴的だ。たとえ自分の意見を持っていたとしても、上司の許可が出るまで全く動くことができないのだ。しかし、社長であろうが社員であろうが、必ず一人ひとりに与えられた使命があるということをわかってほしい。各人が自らのミッションを果たすことが、大きなビジョンの実現には欠かせないのだ。トップがいかに立派なビジョンを持っていたとしても、一人でそれは実現できないということを、トップ自身も知らなくてはいけない。

だから、個々の個性を育てていくことが大事になるのだ。そのためには個人が育つ環境が不可欠だが、日本にはそれが欠けている。私の目から見ると、それを取り戻すスキルが今の日本人にあると思えないのだ。

その結果、日本は停滞してしまっている。時間も、利益を上げるための方法も、あらゆるものが二〇年以上止まったままの状態にある。日本は、世界の動きから相当遅れてしまった。

なぜ日本人は「世界で一番騙されやすい」のか

世界において、日本人は一番騙されやすいと言われている。日本人同士でもそうだし、外国人との間でもそうだけれども、何でも言われたことをすぐ信じてしまう傾向にある。オレオレ詐欺の電話に騙される人が多いのは、びっくりするほどだ。

騙されていると思ったら、「騙すな！」「嘘をつくな！」と言えばいいのに、言わないし言えない。一番の問題点は、当の本人が騙されているかもしれないと気づいていないこともしれない。それは大人しい性格の問題もあるだろう。「騙されているかもしれない。でも、私にはそんなことを言う勇気がないから言えない」と。その結果、騙されていることに薄々感づいているのに騙されてしまうのだ。

特に、外国人との交渉事で騙されていることが多いようだ。日本人は東南アジアによく旅行しているが、マーケットで買い物をするときに、売り手が最も高額を吹っ掛けるのはいつも日本人に対してだ。アメリカ人などは、言い値では買わない。ところが、日本人は言い値で買ってしまう。頑張って値切り交渉をしても、結局、高値で買わされてしまう。

友だちと一緒にタイとカンボジアに旅行に行ったとき、私はわざわざオーストラリアのパスポートを持ってマーケットに行った。日本人だとみなされると、ぼられることがわかっていたからだ。実際、最初は日本人だと思われたらしく、桁違いの値段が提示された。「嘘やろ！」と言って、「私、オーストラリア人だから」とパスポートを見せると、格段に安くなった。つまり、日本人だと同じ品物を一桁高い値段で提示されているわけだ。もちろん、本当の価値がわかっていないところにも問題があるのだけれども。

日本人は、自分がケチだと思われたくないのかもしれない。貧しい国に行って、安い品物をさらに値切るということに後ろめたさを感じるのかもしれない。でも、売り手だって損をしてまで売ろうとは思わないので、値切られても売るということは、きちんとした利益が出ているということだ。だから、高値を吹っ掛けても買ってくれそうだと思えば、何倍も吹っ掛ける。そこで交渉が行われることが前提になっているのだ。

交渉が前提にあるということは、「価値を決めるのは自分」であるということだ。あるものの価値は、第三者である他人がつけたものだ。自分のつける価値がそれより下か上かは、自分で決めればいい。その結果、自分がイエスで向こうもイエスであれば、交渉が成立するというのが資本主義である。あるいは交換経済でもそうだろうが、双方に折り合いがついたところで交渉は終わる。

では、なぜ日本人が一番高く買わされてしまうのか。それは私にとって謎だったのだが、結局、日本人の恥の文化が関係しているのかもしれないと思うようになった。「まけてくれ」と言うのが恥ずかしいのだろう。人を殺すとかルールに反することをすれば、それは私だって恥だと思う。しかし、交渉をしない、交渉ができない根底に、恥ずかしいとか、変に見られたくないとか、自分の顔を守るためといった理由をつけるのは、間違っている。交渉事でそんな考えを持っていたとすれば、世界の厳しいビジネスの中で勝ち抜けるわけがない。

今までは見た目とかコネクションとか賄賂や政治がビジネスの成否を決めることがあった。しかし、今や実績・スキル・内容・ノウハウが評価されて成功する時代がやってきている。だから、交渉を前提にするというのは、自分が主導権を握るということでもあるのだ。

たとえば、A社がマーケットを一〇〇年リードしていたとしても、こちらのほうが良いと主張するB社が現れ、そのB社を支持する消費者が増えていけば、到底勝ち目がないと思われていたアンダードッグ（かませ犬）のB社が、次の一〇〇年を支配するかもしれない。そのカギを握るのは、一人ひとりの消費者の選択と行動だ。消費者が自分の消費するすべてのものを意識的に考えて、本当に必要なものを選んでいくことで、社会を変えることができるのだ。

これからは、本当に必要なものは何かと真剣に考え、小さくても未来をリードする可能性のある会社や人をサポートしていくことが非常に大事なことになる。事業規模が大きければいいという時代はもう終わっているということに、気づいてほしい。

そういうところまで考えると、結局、日本人が騙されやすいというのは、自分を知らないところに原因があると思う。それに加えて世界で起こっていることも知らない。この二つが合わさると、相手にとっては本当に騙しやすくなる。自分の五感を磨き、もっと自分自身のことを理解し、世の中を知る努力をするべきだろう。

黙っていることが自分にとって一番の損になる

日本人は、ディベートは行わないが、バッシングは行うと言われる。言い換えると、表では言わないけれど裏で言うということだ。それはあまりに無責任で、ほめられた話ではない。思ったことはその場で言えばいい。頭にきたら、その場で言って議論を行えばいい。そうしないで、家や会社に帰ってからパートナーや同僚に愚痴をこぼすというのは、全く理解できない。それでは何の問題解決にもならないし、ディベート力をつけることもできない。

ここでも、バーチャルな自分とリアルな自分がいるように思う。本人がいないところでは平気でバッシングするのに、「本人に言ってみたら」と言うと何も言わない。自分の地位や外面《そとづら》の良さを崩したくないのかもしれないが、そこには変なプライドや自我の強さが見え隠れする。それは本人の成長を間違いなく妨げている。

ディベートは、喧嘩の同意語と考えてもいいと思う。どんどん喧嘩することによって、リアルな自分と知り合うことができるし、自分のキャパシティもわかる。言い合いをしてみたら、自分のアイデアがそれほどまとまっていなかったということがわかるだろうし、自分の考えの誤りが見つかるかもしれない。

黙ったままでは、何もわからないし変わらない。それは自分が損をするということだ。だから、おかしいと思ったら、その場で言う。その瞬間に言う。それが後々、問題を起こさないための秘訣である。

ただし、いつでも喧嘩をすることを奨励するわけではない。相手を見て、喧嘩をしていい人なのかダメな人なのかを見定めなくてはいけない。それは、自分にとって何がゴールなのかということとかかわってくる。

こんなエピソードを紹介したい。オーストラリアで竜巻があって、多くの家が損害を受けたことがあった。それに対して、保険会社が保険金の支払いを渋ったのだ。私は「これは戦おう」と決めて保険会社を訴え、一年後に勝訴となった経験がある。だから、冷静に見て「これは放っておけばいい」というところと、「ここは戦ってやる」という見極めをすることが大切なのだ（ここでも具体的な事例は弁護士としての職業上出せないが、人生においては時には不条理なことに対して戦うことも必要だということを理解してほしい）。

とはいえ、日本人がしっかり理解しておくべきなのは、自分の意見を言うことが悪いことではないということだ。同時に、人のいないところで意見を言ったところで意味がないということも知らなくてはいけない。

そこで提案したいのは、公的なものに対して自分の意見を述べるためのプラットフォームをつくることだ。政治家の不適切発言や賄賂や不正の問題がマスコミで報じられたとき、タクシーのドライバーと話をすると、みんな「本当に最悪だね」と言っていた。悪いことをしている、おかしなことを言っていると、一般人でもわかっているのだ。でも、日本にはこのようなことを広く議論するためのプラットフォームがない。タクシーのドライバーや商店の人たちやパートナーと話をすることで、一％程度のフラストレーションの発散にはなるかもしれないが、それ以上、怒りをぶつける場所がないのだ。その結果、時間がたてば、みんな忘れてしまう。これは日本にとっていいことではないだろう。

法律上の問題点もあるだろうけれど、政治や力のある人たちに対して一般人が意見を言い合うようなプラットフォームが存在しないことは、日本人のディベート力が育たない理由にもなっていると思う。

日本では芸能人や業界人がテレビのコメンテーターになって、そうした不満のはけ口になっているようだが、もっと一般人やプロフェッショナルも入れて、言い合えばいいと思う。世界を相手に仕事を行うのであれば、ディベート力はどうしても育てていかないといけない。今の日本の教育制度を見ても、そうした部分が決定的に欠けている。

「何が起こるか」を考えて動けば、問題を回避することができる

問題が起こるのを防ぐためには静観するのではなく、間違いのない行動をすることが第一だ。しかし、予《あらかじ》めビジョンを持っていないと、先が読めない。だから、「こういう行動

をすると何が起こるか」を事前に考えて動く。それは問題を回避する一つの方法になる。前に言った漢方薬的な考え方だ。

サイエンスでは「原因と結果（cause-and-effect）」ということをよく言う。たとえば、ナトリウム（Na）と塩素（Cl）という二つの化学物質を合わせると塩（NaCl）ができるというようなことだ。これは人間についても言えるように思う。自分が考えること、自分が行動すること、自分が発言すること、自分が一緒にビジネスを行う相手も含めて、すべては「原因と結果」がある。私自身、そういう戦略でビジネスを展開してきた。

しかし、その中で「ノー」を言う必要があるときは、はっきりと言う。自分の戦略、使命、方向性に合っていれば受け入れるけれど、いらないものはシャットアウトする。そのためにも、自分が何をやりたいのかを明確にしておかなくてはいけない。

みんなは私のことを「ベンジャミンは本当に曲げない」と言う。確かに私は鉄みたいに頑固だから、打たれても痛くない。一人でいるときは泣いているけれど、泣いてさっぱりすると「明日からもう一回、頑張ろう」と思う。そういうめげない心、打たれ強さを身につけることも大事だ。

感情的にならない、嘘をつかないということは日本人のDNAに刷り込まれているように見える。これらは日本人の良さと美徳でもある半面、日本人は怒りの力の効能ということも考える必要があると思う。怒りを相手に対して正確に伝えるということは、自分自身の感情に素直になるということでもある。常に冷静で無感情であることは、人間らしい振る舞いではない。

誰でも怒りたいときはあるはずで、そのとき怒りの感情を出すのが自然だ。つまり、冷静になる場合もあれば、怒る場合もある。心が穏やかなときもあれば、心が騒ぐときもある。身体における陰と陽のバランスを考えれば、これらは両方とも必要なのだ。ところが、日本人はなかなか怒りの力を使わない。むしろ、当然それが必要なときでも使わなすぎる。怒りも一つのパッションで、時には必要なエネルギーなのだ。それをどうやって目覚めさせるかを考えるべきだ。

二〇二一年は、東北大震災から一〇年となる区切りの年である。私も岩手でコンサートを行うために現地に赴き、向こうの人たちといろいろな話をした。みんな、あの地震は自然災害ではなく人災であると言っていた。津波も人間が起こしたものであるとみなしていた。

科学的に考えると、地震が海底で起きたので津波が想像をはるかに超えた大きさになったと理解できる。しかし、私が話を聞いた人たちは、日本人が何千年にも及ぶ自然と共に生きるという文化からあまりにも離れた生き方をしていることへの天罰であると捉えていた。人災というのは、そういった意味で出た言葉だろう。

あの地震以来、人工的な造形物の中にいるよりも自然と共に生きていくほうがいいと考える人が増えているように思う。それは自分の心を自然（ネイチャー）に沿わせて生きるということだ。それが人間にとって自然な生き方だということだろう。

逆に言えば、今は本来の自分といかに離れて生きているかということだ。そのギャップが埋められなければ、次の自然災害がやってきても、また同じことが繰り返されるのではないかと言う人もいる。

われわれに生き方をレッスンさせるために、自然がある。いかに放射性物質を出して、いかに核兵器を使って地球を汚染しても、自然は常にバランスのある状態に戻そうとする。それを阻んでいるのが、アンバランスな人間なのではないか。いかにバランスを整えていくか。これは、豊かな社会に生きる人間に課せられた解決すべき重大な問題だと思う。

日本人の「調和主義」「調節主義」を世界に生かす

話を「聞く」というのは、相手を知るためのベースになる。エンパシー（empathy）という言葉があるが、日本語では「共感」という意味になる。仏教でいうと「随喜《ずいき》」だ。人間にとって他人と親和性を共有し、他人の喜びを自分の喜びと感じることが一番難しいと言われる。他人の悲しみや苦しみは同じように感じられるけれども、他人の幸福を同じように感じ取ることは難しいというのだ。

だからこそ、他人に共感すること、同意や同感を示すことは大事になる。それだけでビジネスが成立するのではないかと思うほどだ。

共感があるから、「お互い頑張ってやろう」という気持ちになれる。先に言ったように、これからは実績と内容で判断される時代が来る。だが、自分で取ってきたと思う仕事でも、自分に共感してくれた人がいたので仕事が与えられたと考えることもできる。私に仕事を依頼してくれた社長の中には、音楽のことが全くわからない人もいる。でも「君にはすごく才能があるから、とにかくやってみなよ」と言って支援してくれているのは、本当に有り難い。これは人間性で通じ合っているのだろう。

相手の共感を得るためには、相手の話す言葉を事前に習得しておくことも大切だ。言葉というのは英語、フランス語、ロシア語、日本語における日常語だけではなく、ビジネス用語、法律用語、アート用語など、相手に応じた専門用語も知っておくべきだ。

私の場合は、そのときどきの状況に応じて頭を切り替えて、使う言語を選んでいく。切り替えることによって、話す相手の気持ちをはかり、共感することができる。

私は複雑な日本語も英語も話せるが、日本人なのに私の言っていることがわからない人がたまにいる。教育が足りなかったのか、教養不足なのかはわからないが、「ベンジャミン、本当に複雑な日本語を話すね」と驚かれることがある。「随喜」とか「鎮魂《ちんこん》」といった言葉を使うと、「そんな言葉を使う外国人、いないよ」と言われる。しかし、相手の国の言葉を知ろうとすることはとても大事なことだと思う。

せっかく酸素を吸って生きているのであれば、時間も、自分のエネルギーも、相手のエネルギーも無駄にしてはいけない。逆に言えば、これらを効率よく使うことで、ビジネスのプロフィット（利益）も上がっていく。

その一方で、ビジネス＝プロフィットとみなしている人は、何らかの動機があって付き合ってくれていると思ったほうがいい。インセンティブがなければ人間は動かないということだ。特にこの一五〇年における資本主義の展開、消費主義社会の歴史を振り返れば、「儲からなければお金は出さない」「得がなければ付き合わない」という人が非常に多かったと思われる。

ビジネスの背後にそうした動機が隠れていると考えれば、すべての取引先と共感を持って付き合うのは、難しいかもしれない。しかし、それでも付き合わなければならないとすれば、調和とか調節とか妥協といったスキルを使えばいい。

たとえば川で遊んでいるとき、川の流れに上手に乗ればスムーズに前に進むことができるが、流れにうまく乗ることができなければ、コントロールを失い流されてしまう。この場合、できるだけ流れに逆らわずにいるのが、安心だし安全だ。調和・調節・妥協といった考え方は、そのように流れに合わせて進むために必要なスキルになると言っていいだろう。

ビジネスの相手先との関係も似たようなもので、できるだけ相手との利害関係を調整して「和」とか「バランス」を取ることが大事だ。それがうまくできると、時間のロスが少なく済む。

人生で一番もったいないと感じるのは、貴重な時間を失うことだ。お金や物を取り戻す機会はあっても、失った時間は絶対に戻ってこない。だから、自分がかかわるすべてに全力を尽くす。もちろん交渉事においては強く自己主張をする必要もあるが、その中でも調和・調節を心がける。すると、次のポイントにつなげていくことができるのだ。

これは「自己主義」と「調和主義」の違いと言ってもいい。自分の意に沿わないことでも、冷静に判断して必要だと思えば、調整を試みて一つの和を取る。これが調和主義だ。

私は、著作権に関してある企業と争ったことがある。結果的に私はその争いに負けた。あえて負けることにしたのだ。というのは、著作権をあきらめることによって、私は自分の作品を世の中に発表する機会を得たからだ。このときは負けたけれども、主張すべきことはすべて主張したので、それでよかったと考えている。

私が調和主義という言葉で表現しているのは、相手の気持ちを推し量って和を取るという点において、非常に日本人らしいやり方だと思う。

また、「利他」という言葉も注目されている。利他とは、日本語にもある「情けは人のためならず」に近い概念を持つと私は解釈している。他人のために行ったことが、めぐりめぐって自分自身のところにも返ってくる。つまり、犠牲的、献身的な意味合いではなく、その行為を行うことが結果として自分の得になるので人のために行うのだ。

最近では、世界的に著名な経済学者であるジャック・アタリ氏が利他主義についての重要性を積極的に説いており、利他主義は世界的な流れを生みつつある。

利他主義の考え方が世界に広まることで、日本の調和主義に対する理解を示してくれる国々も増えてくるのではないかと思う。日本人は、利他主義の考え方をもっと広めていくべきではないだろうか。

外国人、特にアングロ・サクソンは、その逆で自己主義、つまり自分を強く主張して決して相手に譲らないし負けを認めない。だから、日本人は外国人と議論するとつい頭を下げてしまう。傍《はた》から見ていて、どうしてここで頭を下げる必要があるのかと思うくらいだ。

自分が悪いわけでもないのに頭を下げるということは、自分を見失っているということだ。先の川の例で言えば、自ら流れるのではなくて、流されてしまっている。日本人は頭を下げることを調和や協調だと捉えているのかもしれないが、外国人から見れば、そうは思っておらず、自分たちの主張が通った証《あかし》だとみなす。

私は、知らないことがあれば先生に聞き、意見があれば言うのが当然であるというオーストラリアの環境で育ってきた。自分自身は自分の人生をつくる建築家のようであると述べたが、それと同じような話だ。日本人は、協調的な行動に象徴されるように、自分よりもみんなの気持ちを優先して行動しようとする。しかし、その結果、何も動かないままで終わってしまうことがある。面白いことにロシア人も同じで、優柔不断なまま何も決められずに終わってしまうことが多い。同じ白人であっても全然違うのは興味深い。

ロシア人が優柔不断なのは、未だにコミュニズムが根を張っているからではないか。調和主義というのは、共産主義がルーツにあると思う。コミュニティとかコミューンというように、お互いが周りのことを配慮して生活するのが共産主義の原型だ。団体主義、協調主義なども、ルーツはそこにあると考えていいように思う。

世界が平和主義を本当に求めているならば、必要なのは自己主義ではなくて協調主義だろう。自分の主張をとにかく押し通すというのは得策ではない。それでは結局、相手の気持ちがわからないからだ。そもそも最初からわかろうとしていないのが問題である。ここでの自己主義は、利己主義と同じ意味で私は考えている。

そう考えると、お互いのことをうまくわかり合おうとする日本人の調和主義は重要だ。相手と調和をしていくということがなければ、平和主義は決して実現しない。日本語には

「間を入れる」とか「様子を見る」という言葉があるが、非常に美しい表現だ。日本語は相手の気持ちをはかる言語だ。だから和を求めるというあり方は、自然に日本人のＤＮＡに刷り込まれているのかもしれない。

私にも日本人とオランダ人系白人の血が流れているので、その大切さを感じ取ることができる。私がどこへ行っても生きていくことができるというのは、一歩ひいて相手を見ることができるからだと思う。アメリカへ行ったときは、相手に合わせて主張し続ける。そうしないと負けてしまうからだ。その意味では、アメリカ人は非常にアクティブ（積極的）だし、日本人は非常にパッシブ（受け身）だ。パッシブなのは悪いことではないが、場合によってはアクティブにならないといけない場合もある。

日本人は自らがパッシブであることを理解して、それをうまく使いこなしていけばいいと思う。主観的な哲学を持つ相手に客観性で臨むのは不利かもしれないが、日本人の客観性の中には、相手の様子を見ながら自分の立ち位置を決めるという能力が潜在している。それは日本人の特性として持っている感覚で、不思議な神秘性がある。日本人が相手の様子を見て心中を推し量るというのは、一種のテレパシーのようなものであると感じることもある。

日本には「あうんの呼吸」という言葉がある。英語ではIt's telepathic.というが、これはテレパシーのようなことを意味する。何も言わなくても通じ合うという日本人の特性は、言葉を使って主張し合って理解するアングロ・サクソンには理解できないだろう。そういえば日本には「暗黙の了解」という言葉もある。これも素敵な表現だ。こういう表現は外国語にはない。こういった日本のすぐれた特性は失わないでいてほしいのだが、日本でもアメリカ化が進み、それが失われつつあるようにも感じる。

今の日本人は、相手を客観的に見て判断するというよりも、単に黙っているだけ、流されているだけ、騙されているだけ、コントロールされているだけのように見えて仕方がない。たとえば、東京にいる外国人（白人）は、日本人より三倍ぐらい高い給料をもらっている。私も国際採用だったので結構な額だった。それなのに、外国人の中には母国語にこだわって、日本語の「ありがとう」ですら覚えようとしない者もいた。日本人の魂を持っている私からすれば、「国に帰れ」と言いたいぐらいだ。

日本人はもう一度、日本人とはどういうものなのかをよく考えてみるべきだろう。そうしなければ、どこに軸足を置くのか定まらないまま、ゆらゆらと生きていくしかないのではないだろうか。伝統ある国がそんな状態になってしまうのは、実に悲しいことだ。

ファッションは自己表現の手段であり、相手の気持ちをはかる手段である

相手が何に興味があるのかを探り、何に反応を示すかということがわかれば、交渉事でも何でも時間の無駄が省ける。

私はメルボルン大学法学部の学生のとき、毎日とんでもなく派手な衣装で通学していた。地毛を金髪に染めて、ピアスもつけていた。その格好を見た先生たちは、「こいつは本気で学びに来ているのか？」と顔をしかめた。大学生らしい普通の格好で行っていれば、何も思われなかっただろう。しかし、私が刺激的な格好をしたことで、教授たちの保守的で人種差別的な一面を引き出すことになった。

私は当時、モデルの仕事をしていて、半年間で三つのＣＭに出るほど多忙な毎日を送っていた。街には私の姿が描かれた看板もかかっていて、大学でも顔を知られた存在だった。だから、私はわざと派手なファッションをして、相手の反応を観察していたわけだ。もちろん、それとは逆にフォーマルなファッションで相手に好印象を与えることもできる。ファッション一つで相手に与える印象は、全く違ってくるのだ。

「ファッションなんて見た目を飾っているだけじゃないの？」と言う人がいるけれども、誰でも服を着るのだから、ファッションをバカにするのは自分をバカにするのと同じだ。「着るものなんてファストファッションで十分」と言う人もいる。でも、それらのファストファッションもハイファッションをコピーしているのだから、そもそもファッションをバカにする資格はない。うまく自分のイメージに合う服装を探すことは、個性の演出としても重要なことだ。ファッションはスタイルをリードする一つの手段でもあり、裸の身体に印象をつけるものだから大切にするべきだ。

最近は着る人は少なくなったけれども、もともと日本人は着物（和服）を着ていた。それはとてもスマートだったし、日本人に似合っていた。さらに言えば、着物は日本人の体型に合っているのだろう。初詣や桜の季節に着物を着ている人を見ると、すごい格好よく決まっているなと思う。逆にスーツは欧米人向きに思えるし、イブニングドレスなども日本の女性が着ると、華奢すぎてフィットしていないように感じる。

つまり、衣装というのは一つの言語になっているということだ。だから、職場によってもファッションは変わっていく。私もロシアの研究所で働いていたときには、毎日それぞれの場所に合った衣装に変えていた。

ファッションは相手の気持ちを推し量り、自分をどう表現していきたいかとも結びつく。それは意図的なものであるとともに、身につけるものによって自分のマインドが変わってくる。新しい服を買って着たときの気持ちのよさは格別だ。ファッションにはそういう力もある。

私はヨウジヤマモト、コム デ ギャルソン、イッセイ ミヤケなどの日本人ブランドが好きで、海外でもよく着ている。なぜ好きかといえば、クオリティが高いからだ。ヨウジヤマモトの縫製工場へ見学に行って布をつくるところなどを見せてもらったことがある。洋服をつくることに変わりないが、その裏にあるプロセス（工程）を見て、とても納得した。

プロセスを把握することは、人生の得につながる。食べ物をつくるプロセスもそうだし、車もそうだ。いろいろなものができあがるプロセスを見せてもらってきたが、プロセスを把握することで自分が何を求めているかを知ることもできる。そこがわかると自分が何を求めればいいかがわかり、それについて話すこともできるようになる。

逆にプロセスがブラックボックスになっていて理解できなければ、見た目は気に入っても選ばないことがある。プロセスを把握したいというのは私の好奇心でもあるが、あらゆる人にとって重要なことだと思う。それはサステナビリティにもつながってくる。

インナー・ブッダの声に耳を澄ませ、すべてのものに感謝をする

すべての人間の中には仏性があると、ブッダは述べている。仏性とは魂《たましい》のようなものだと私は理解している。禅などでは、この仏性のことをインナー・ブッダと言っている。つまり、自分の中にはそれぞれ仏の種があるということだ。その種をどう育てていくかが非常に大事だということを、私はヨガの教室を通して学んだ。

先進国にいる私たちには、自分をブラッシュアップするためのさまざまな機会がある。しかし、それに感謝している人はどれくらいいるだろうか。海外に行けば、学校がないとか食べ物がないという国は山ほどある。本来ならば、豊かな国に生まれた私たちは貧しい国の人たちに手を差し伸べるべきなのに、それを怠っている。せっかくの仏性が発揮されていないのだ。

仏性という魂、そして自然からもらった命に対して、私たちは感謝することを忘れてはいけない。日本では食事の前に「いただきます」と言う。「いただく」というのは命をい

ただくことだと聞いたことがあるが、それだけではないと思う。食事ができる前のプロセスにも感謝しなくてはいけないのだ。たとえば、植物を成長させてくれる太陽や雨といった自然に対する感謝もある。土にまみれて働いて、米や野菜をつくってくれる農家の人たちへの感謝もあるだろう。そういういろいろな感謝が「いただきます」という言葉には詰まっていると思う。

あるいは、野菜が食卓に届くまでには、運送会社の人がマーケットまで運んでくれただろう。マーケットにはそれを売っている人がいる。そういう人たちにも「ありがとう」と言うべきだ。もっと身近なところでは、働いてお金を稼いで野菜を買ってくれた親にも「ありがとう」と言い、それを食べることができる自分の身体にも「ありがとう」と言うべきなのだ。

すべてに感謝の気持ちを伝える。それが「いただきます」だと私は解釈している。これは日本人の中にある共通の感覚だと思う。私が言ったことは、日本人であれば「ああ、なるほどそうだね」と腹に落ちるだろう。しかし、それは特別なことだ。外国人に対して今のような話をすると、「この人は何を言ってるの?」と変な顔をされてしまう。彼らにとっては、とても神秘的な話をしているように聞こえるのだ。

この「なるほどね」と気がつくところに、日本人にとってのチャンスがある。リトル・ブッダやインナー・ネイチャーやインナー・チャイルドなどさまざまな言い方があるが、耳を澄ませて自分の内なる声を聞くことが大事で、それは日本人の得意としているところだ。

そういう日本人的な感覚に惹かれる白人も最近は増えてきていて、彼らはそれを美しいと感じる。そこには何一つ、バッド・エナジーがないからだ。特にコロナ後の世界においては、世界に対して日本人としての強みを生かせる機会が満ちあふれている。日本人は世界に向けてそれを積極的に発信していくべきだ。それは日本のためだけでなく、世界にとっても必要なことだと考えるからだ。

第四章
世界最強になるために
自分のルーツを探れ！

撮影＝緒方秀美

現代風なアレンジで入り口を広げ、歴史を教えて見方を変える

　メイド・イン・ジャパンというブランドに対する世界的な信頼からもわかるように、日本という国はアウトプットの品質が非常に高い。それなりの値段はするが、結果的には長持ちしてコスパが良いと多くの人たちから評価されている。鯖江市の眼鏡フレーム、関市の包丁、トヨタ車、文房具、お弁当箱など、生活に密着したものが非常によくできている。

　日本人は小さな問題でストップするとフリーズ（凍る）してしまうと述べたが、その一方で、小さなこと、細かなところまで手を抜かないという強みがある。この点に関しては世界一だ。それゆえにクオリティの高いものがつくれるのだろう。細かさが、短所にもなり、長所にもなっているのだ。

　これは物づくりだけでなく、アートの世界でも同様に言える。日本の浮世絵がフランスの印象派に影響を与えたことはよく知られているが、わび、さびのような日本伝統の美意識を残したイベントが、今でもあちこちで開催されている。花火、紅葉《もみじ》狩り、祭り、相撲など、伝統的な催しが今でもたくさん残っている。それらの伝統的な文化が深く長く続いていることは、海外からは本当に羨ましく見えるのだ。

ただ問題なのは、当の日本人がその素晴らしさに気づいていないように感じられることだ。背後にある歴史や伝統を知らないまま、単なる「催し」として楽しんでいるように見える。それは実に惜しいことで、日本文化の素晴らしさを若い人たちに伝承するためには、新しい入り口をつくり出すことも必要になるだろう。

西洋のクラシック音楽には、五〇〇年から六〇〇年ほどの歴史がある。私はミラノのオペラ座のオープニングに呼ばれ、五時間にわたるワーグナーのオペラを聴く機会を得た。しかし、周りを見渡すとみんな途中で寝ていた。とても贅沢な時間だったが、確かに五時間は長すぎる。彼らが寝入ってしまうのも無理はないと感じた。

クラシックの世界も非常に古くて堅く重いため、若い人たちにはアピールするのが難しい。そういう中で、どうすればもう一度、その素晴らしさに気づいてもらうかと考えると、やはり形を新しくしていかなくてはいけないのではないかと思う。新しい入り口をつくってあげない限り、若い人たちがなかなか入っていくことはできない。

日本文化も同じだと思う。非常に厳格なイメージがありすぎるため、特に修行を伴う禅のようなものには、好意的なイメージを持ちづらいという人もいる。しかし、禅は苦労して修行することにより、自分の強さ、忍耐力、継続力を徐々に身につけていくものだし、さらにそれが生命力を高めていくことにもつながる。入り口を広げようとして修行を甘くしたところで、人の器は決して大きくならない。それは十分に理解できるが、もう少し修行のポイントをまとめて、形を少しでも変えていったほうが、若い人には受け入れやすいのではないだろうか。

他の芸術や伝統工芸の世界もおそらく同じだろう。何百年も伝統を守って続けてきている職人やアーティストや表現者には失礼かもしれない。でも、厳格すぎて廃れてしまうよりも、妥協ではなく現代風にアレンジできるところは変えていったほうが、若い人も継承しやすいと思う。

昔の日本は、協調主義と地域共同体により、みんなが満足することができる要素が多かったように思う。たとえば祭りであれば、お互いを尊重し協調して、みんなが仲良くすることで、村全体でそれを盛り上げていった。そういったことが現代の日本には非常に少なくなっているように感じる。

日本の高度成長を支えた終身雇用制度も衰退し、若い人たちが二、三年ほどでどんどん転職する時代になってしまった。先進国になった後の五〇年間に、日本にあったはずの協調主義と地域共同体の力はどこかにいってしまったかのようだ。

そうした伝統的な日本の知恵と文化を、若い人たちにもっと伝える必要があるのではないだろうか。それとともに、自分の祖父母の世代に感謝することが重要だ。その前提として、歴史への理解が必要となる。歴史を知らないと、どうして先人を尊敬する必要があるのかがわからなくなるからだ。

一九四五年八月六日、広島市に原爆が落とされ、多くの尊い命が失われた。私の祖母も被爆し、私も被爆三世である。オーストラリアにいたときに、祖母から戦争の悲惨さと平和の大切さを何度も教えられた。被爆後も戦争花嫁としてオーストラリアで大変な思いをして家族を育てた祖母の苦労は、たいへんなものだっただろう。今の平和も、先人たちが味わった大変な苦労の礎の上に成り立っている。

また第二次大戦後、アメリカ文化が堰《せき》を切ったように押し寄せたため、日本の文化はダサいものとして扱われ、端《はし》に追いやられてしまった。日本文化軽視の本流は、明治時代初期にさかのぼり、そこで極端な西洋化が進んだ。そんな中で欧米のエリートは、本物を見分ける洞察力を持っていた。むしろ米国の文化的素養の高いエスタブリッシュメントは、葛飾北斎などの版画に非常に感銘を受け、日本文化の素晴らしさを理解し、大量に購入していった。今でも日本のすぐれた版画は、ボストン美術館に展示されている。

日本も数々の苦難の歴史を経て、今の繁栄があるのだ。このように歴史を知ることで、これからの若い人たちの生き方のスタンスも変わってくるはずだ。

歴史的背景を学ぶことで、先人への感謝の気持ちが育つ。文化的理解と歴史的理解を同時に進めることで、伝統文化を守るという考え方も育ってくるのではないかと思う。

日本の歴史と伝統を学ぶ重要性を強調したが、これは単に日本にとって都合の悪いことに蓋《ふた》をしたり改ざんしたりしようとする歴史修正主義的な観点で述べているのでは決してないことを、念のため付け加えておく。

クールジャパンよりも大切なのは足元の文化だ

大切なものが自分の目の前にあるのに、気がついていない。日本人の伝統文化に対する姿勢はまさにそうではないだろうか。そこに気づいていないので自らの文化を軽視し、アメリカの後ばかり追いかけて、アメリカ化していく一方なのではないかと私は心配する。

近年、日本発の Kawaii! 文化が世界で注目を浴びている。Kawaii! 文化は、一九九〇年頃に渋谷１０９から生まれ、経済産業省が後押しするクールジャパンの一環として、国家戦略的に海外に向けて打ち出された。私の知り合いはその波に乗って、中国や台湾やタイでKawaii!文化を売って大儲けをしている。

しかし、私は日本文化にカワイイ感じは全く持っていない。どちらかといえば、〝美しい〟というのが、私の日本文化観だ。昔ならではの浮世絵、春画、掛け軸、屏風、私が今コレクションしている茶碗や焼き物は、Kawaii!文化とは正反対のものだ。

Kawaii!文化も世界で評価を受けているのであれば、それでいいのかもしれない。でも、日本にはもっと美しいものがたくさんある。クールジャパンは経済産業省が推進するプロジェクトではあるが、日本を軽く扱っているのではないかとも感じるところがある。

日本の魅力を海外に発信する前に、支援するべき文化が実は国内にたくさんあるのではないか。その土地に根づいている本物のアートや本物のクリエイションに出資するのであればまだいいが、海外で受けそうなものを選んで支援するというのは、文化の軽視そのものではないか。要するに、ビジネス＝プロフィットという古い定義の中で行われているのだろう。お金を稼ぐためにどうするかが先行しすぎていて、文化を手段として利用しているだけのように見えるのだ。

たとえば、日本の伝統文化産業が再び注目されているが、プロフィットを上げるだけでなく、本当に職人のためになっている仕組みかどうかを検証する必要がある。ひな型をつくって機械で大量生産をして済ませるのではなく、職人の手作りのプロセスを尊重したものになっているのだろうか。機械はお金を投じれば購入できるが、血の通った職人は機械のようにはいかない。支援すべきは、本当に力量を持った職人たちではないかと強く思う。プロフィットを求めることよりも、それぞれの人が人生の使命を果たし、しっかりとした業績を残すことこそが重要なのだ。前にも言ったように、後から振り返ってみたときに、いい人生だった、いいものを残したと思えるかどうかが大事である。それは投資家であろうが、企業家であろうが、アーティストであろうが変わらない。お金がすべてであってはいけない。

私は、ROI（Return On Investment：投資利益率）が一〇〇％以上にならなければいけないとは思わない。そんなことより、もっとサステナブルな、本当に残さなければいけないものを残していくことができる仕組みをつくろうとしているのだ。

お金がなければやりたいことができないと思う人は多いだろう。しかし、それだけを求めても、アーティスト活動はできない。実際に私も、お金がないところでもアートを制作して発表している。お金とは無関係に行った仕事が評価されて、次の仕事が入ってきて、それがだんだん大きくなって、結果的にプラスマイナスゼロになればいいという思いでそれらに参加している。もちろんお金は重要ではあるが、すべてではないことを強調しておきたい。

ほとんどのアーティストは、自分のビジネスにすべてを投資しているが、私はそれを本当の投資とは考えていない。アート活動は、生きるために行っているのだ。自分の使命を果たし、しっかりとした業績を残したいだけだ。何もかもビジネスマインドで仕事を行っているわけではない。

近年、「無形固定資産（intangible asset）」という考え方が、新しい経済の概念として注目を浴びている。ユネスコには「無形文化遺産（Intangible Cultural Heritage）」を認定するシステムができた。この「無形」という概念は、大事な考え方だと思っている。

ただし、そこでも気をつけるべきなのが、内容と実績をしっかり判断することだ。クールジャパンの話にもつながるが、本当に残すべきなのは、日本の魂や心を表現する芸能や職人の細かな伝統技術ではないかと考えるのだ。

首都東京から世界に発信するだけではなく、地方に存在する今にも廃れようとしている文化に光を当てて支援する。それこそ本当に大事な文化事業なのではないだろうか。それが理解されないことに対して、私は怒りを持っている。

私はクオーターで一〇〇%純粋な日本人ではないので、言いたいことは平気で言う。そのため、差別も受ける。しかし、ダブルでもクオーターでもどうでもいい。大切なのは自分自身が持つ中身である。アートもアーティストも同じで、外見よりも中身を見ろと言いたいのだ。

人の心得と日本人の生き方を「道」から学ぶ

武士道や茶道など、日本には道という言葉がつく素晴らしい文化的概念がある。この道は一本しかない。それは自分の人生だと思えばいい。たくさん寄り道や回り道はするかもしれないし、間違って選んだ道へ進んで迷ってしまうかもしれない。でも、自分の行いたいことをやって幸福に生きていれば、絶対に自分の歩むべき道に戻ることができる。

だから、どんなにつらい目に遭っても気にしない。人生においてつらいことがあるのは当たり前だと思えば何でもない。山あり谷ありが、人生だ。これまでの自分自身の人生を振り返ると、人生とは修行そのものだと思っている。それがわかっていれば、なるべく自分が幸福だと思う方向に歩めばいい。

そんな道を求めて修行をする。修行というのは、面白かろうと、面白くなかろうと、人間の必修科目として行うべきものなのではないかと思う。

日本には、元気、道、魂といった言葉で表されるような精神が二〇〇〇年以上続いている。それなのに、今は海外から逆輸入されたようなマインドフルネスやメディテーションを有り難がっている。それはあまりにも悲しい現象だ。外国人は良いところを取ってビジネス化するだけだが、日本の文化はもっと深くて美しいもののはずである。それが日本人の根本であり、DNAであるはずなのに、それを忘れてしまっているのは、寂しい限りだ。

生き物としての人間は、アフリカ人を起源としているので、地球に住む人間は皆同じである。でも、民族は異なる。アングロ・サクソン、ゲルマン、ロシア、中国、韓国、日本など、民族の多様性こそが価値でもある。でも、なぜ日本人は他国とこんなに違うのかについても考えてみるべきだ。

日本の文化は、非常に深く歴史があり神秘的でもある。それは前にも述べたように、すべて言語に反映されていると私は考えている。もちろん、日本語はインドからも中国からも、あるいは韓国からも影響を受けているだろうが、オーストラリア人の私から見て、日本語というのは豊かでユニークなコンセプトを持つ言語だと思う。

島国であるということも、ある意味、そのピュアさを保つことに役立ったのだろう。たとえば京都の人たちは、心で思ったことをストレートに口に出さない。直接言うと角が立つので、間を入れた言い方をする。そこには、理想と現実のずれを垣間見ることができ、日本の文化の極端な部分が出ているようで面白い。この「間を入れる」という言葉も、武士道にもつながると思っている。

物の豊かさが心の豊かさを決めるのではないと確信したカンボジアでの体験

「余裕を持つ」というのも、美しい日本語だ。同じような表現は英語にもあるが、ニュアンスが違う。たとえば、英語の「スピリチュアル」と、日本語の「精神的」というのが表現としては同じだとしても、それぞれの言葉の印象と受け取り方が違うのと似ている。日本には「精神的」という言葉が想起する、日本特有の概念が存在している。だから、日本人は私がスピリチュアルな話をしても理解してくれるのだろう。これは欧米人とは異なるところだ。

この「余裕」という概念も日本人の精神の中に反映されているので、その大切さは日本人であれば誰でも感じとることができるだろう。

また、日本語に「様子を見る」という表現があるが、私はこの言葉を「遠くから判断する」という意味に解釈している。これは、しっかり未来を見て、ゴールがわかっているからこそできることだろう。東洋の国の目指しているゴールとは、一つのコミュニティに平和をもたらすためのリーダーシップを取ることなのではないかと私は思っているし、古代の中国もそうだったと思う。

そんな昔ならではのオリエンタリズムが、東洋の国々からなくなっている。中国もそうだし、日本もそうだ。そうなってしまったのも、貪欲に金儲けのみを目的とするようになったからだ。ミッションが金儲けになってしまったので、本来持っていた美しい精神が衰えてしまったのだ。

これからの世界では、ソーシャルインパクトのあるミッションを持たなくてはならない。日本人であれば、それは難しいことではない。私には、日本語に言霊《ことだま》があるように感じている。その言霊の力を借りれば、今、本当に大切なものは何かということを簡単に思い出すことができるはずだ。本当に大切なものが見つかれば、日本はスピーディに社会を変えていくことができるだろう。器が空になれば、インプットしやすいのだ。

アメリカ人は物を集めては消費し、消費してはまた集めるということを繰り返している。しかし、山ほど集めたものを成功の証であるとみなすアメリカンドリームは、もはや幻想と言っていい。そんな物質消費社会の時代は、すでに終わっているのだ。

大切なのは物ではない。物に代わるのは、体験である。そして、アートは体験と結びついている。実際私がプロデュースするイベントは、参加者に体験を味わってもらうものになっている。

人生とは体験の連続である。だからこそ、いい体験をたくさんすればするほど、人生が豊かになっていく。つらい思いをすることもあるが、それ以上に楽しい体験をたくさんしていれば、幸せな人生を送ることができるはずである。それは、お金をたくさん持っているということではない。

二十代前半の頃、カンボジアに滞在していたときに、二週間、ボランティアで米の脱穀の仕事を経験した。これは、自分から申し出たことだったが、村のみんなから「あなたは狂っている」と言われたのを覚えている。実際に行ってみて、その意味がはっきりした。気温摂氏三五度の中で、田んぼ二つ分の稲の収穫と脱穀をするのだ。大変な重労働だった。

でも、身体を使うことも、一つの道であるということがわかった。言葉が通じないので、カンボジアの人たちが行っている作業を観察して覚えた。実際にやってみるとすぐにできたので、「これは前世でやったことがあるかもしれない」と自分でも思ったくらいだ。現地のみんなは「上手だね。もう私がやらなくて済むよ」と笑ってくれた。

カンボジアでは、女性が主に働いていている。女性は朝一番早く起きて、子育てもして、田んぼでも働き、料理もする。男たちは女性が働いている間、昼寝をしているのだ。私は女性たちと一緒に、ずっと働いた。言葉は通じないけれど、コミュニケーションもよく取れていた。

彼女たちの中には、親をポル・ポト派に殺されている人もいた。しかし、ポル・ポト派の虐殺によってたくさんの人が亡くなったため、自分自身は生きているだけで幸せだという感覚を持っているように感じられた。

貪欲なオーストラリア人、日本人、アメリカ人を見ていると、人道主義を実現することは不可能なのではないかとも思ってしまう。でも、日々の暮らしに大変な苦労をしているのに、内戦で壊されたものを一から作り直して元気に生きようとするカンボジアの人々を見ていると、ヒューマニティをもう一度信じることができた。

カンボジアでの毎日は感動の連続だった。暮らしは貧しいが、みんな幸せそうな顔をしていた。コミュニティで助け合って、シンプルライフだけれども楽しそうだった。テクノロジーは発達していなかっただろう。水道さえなかった。子どもたちはココナツの木に登って、実を切り落とし、それを割って水の代わりに飲んでいた。その様子を見ていて、オリエンタルな原始共産主義的コミュニティの町づくりそのものだと思った。そこに幸せもあるのだ。たとえようもないほど幸福な体験だった。

Z世代が提示する新しい生き方は、道の精神につながる

Z世代（一九九五～二〇一〇年に生まれた人々）と呼ばれるアメリカの若者たちは、コミュニティやソーシャリズムに対して共感を持っていると言われる。彼らは世の中がテクノロジーに支配されている今、どうやって生きるべきかという自らのミッションを模索しているのだろう。情報オーバーロードの中で、温暖化、環境破壊、戦争といったイメージばかりを見ているので、それに反対する声が上がり始めているのだと思う。

スウェーデン人の環境活動家であるグレタ・トゥーンベリ氏は、その象徴だろう。私は

「ポスト主義」という言い方をしているが、今の若い人たちは従来の「主義」に則って世界を理解しようとはしていないのだろう。政治的主義がどうあれ、今やらなければいけないことが目の前にあるではないか。そう考える人が増えているように感じる。

私たちは、そんな若者世代をリードしていくべき立場にある。そのときに大事なのは、単にセオリーで考えるのではなく、これまで生きてきた中で体験してきたことの中からいい部分を残し、肥大化した欲が生み出した過剰な部分を取り除いたうえで、これまでとは異なる新しい社会を実現していくことだ。

具体的には、実際の生活にアートの要素を取り入れながら、物質中心主義ではなく本当に世界の人々にとってエコロジーで暮らしやすい文化的な生活を実現する社会を構築することを目指す。ＳＤＧｓ（持続可能な開発目標）の話題が盛んになっているのも、ようやく多くの人がそこに気づき始めたということだろう。

このコロナ禍で、若い人たちは意識を大きく変えている。

外出できない、学校へも行くことができないという状況で、今こそヒューマニズムというものについて考えてもらいたい。そして、レジリエントな未来がもたらす全人類のための社会について一緒に構想していくことを提唱したい。そのときに、日本の「道」の精神性から学ぶことが、たくさんある。

フェイクな人生でなく、本物の人生を生きよう

同じ一生を生きるのであれば、本物の人生を生きたい。でも、大量生産・大量消費の社会で暮らす中で、何が本物か、何がフェイクなのかという判断も今は簡単にできなくなってしまっている。コロナ禍で行動が制限されているこういうときにこそ、手作りや少量生産のものの良さを見直したいものだ。

その意味では、今、リアルに生きるための新しいムーブメントが起きているのを実感する。その動きはローカルのレベルで起きていて、一例を挙げれば、ハイテクに囲まれた都会生活を捨てて田舎に生活拠点を移す"off-the-grid"というリビングスタイルもそれにあたる。電気も水道もガスも何もない完全自給自足とまではいかないにしても、それに近い生活を志向する若い人たちも増えてきている。また、そうした人たちを呼び込もうとする自治体も出てきている。

最近、「長野に住んでみませんか」と誘うインスタグラムを見つけた。そこには「仕事

がないのでは？」「お金が稼げないと生活できない」というようなコメントが投稿されていた。それに対して、「心配しないで。こういうところです」と写真がアップされていて、その写真が本当に美しく、「こんなところなら住んでみたい」とも思った。これからは、若者たちが東京から離れて、そういう田舎の自然の中で暮らす時代になるかもしれない。

それも悪いことではない。コロナ禍の中、リモートやオンラインでも仕事が成り立つことが証明されたので、東京に居住して活動している意味がどこにあるのかと考える人たちは、私の周りでも確実に増えている。

でも自分でビジネスを始めるのであれば、東京にいたほうがいいだろう。しかし、東京にいるからといって、これ以上消費生活を続ける必要もない。一〇年前の東京の夏を思い出してほしい。福島第一原発の事故の余波で節電が求められたため、夜は繁華街でも暗かった。私は有名ラグジュアリーブランドのショーに出るために一週間だけ東京に戻ってきていたが、あんなに夜が暗い東京は見たことがなかった。でも、そんな中でも、みんな生きて生活をしていた。人間は意外と、何もなくても生きていくことができるのだと実感した。

しかし、そういう貴重な体験をしたのに、人間はケロリと忘れてしまう。結局、元の消費生活に戻ってしまった。そこが人間の弱いところだ。リアルな体験は大事だけれども、リアルに体験するための前段階として、自分を清らかにするためのトレーニングが必要なのかもしれない。

そこにも道が存在する。そして、それは掃除から始まるように思う。お寺の修行でも、掃除は非常に重視されていて、それを行うことで自分を清らかにする。つらいし、やりたくないと思うことをあえて行う。それを続けることによって、自分の中にリズムができる。すると、掃除が終わったら楽しいことが待っていると思うようになる。要は解釈の問題だ。これは極めて日本的な考え方かもしれないけれども、楽しみは苦労の後からやって来るのだ。

二〇年前に東京の四谷にある上智大学に留学していたとき、私は埼玉県蓮田市に住んでいた。日本とオーストラリアの両国から奨学金をもらっていたけれども、合わせて月に一〇万円ぐらいだったので、大学の近くにはとても住めなかったのだ。

毎日、蓮田市の駅から電車に乗って大学に通っていた。駅に行く途中で、お年寄りたちが町の掃除をしていた。今も行っていると思う。でも、その人たちがみんないなくなってしまったら誰が行うのだろう。若い人たちは多分行わないだろうけれども、自分を清めるトレーニングとしてやってみたらいいと思うのだ。物の見方や考え方が必ず変わってくるはずだ。そんなところから本物とフェイクを見極める目が育ってくる。これも道が教えてくれることだ。

武士道の良さは、他人と競争するのではなく、自分との闘いであることだ。毎日目標を掲げてコツコツと課題をこなし、日々の成長をしっかりと実感するために時間を使う。注意すべきは、自分と闘うということは、何かができなかったときに自分を責めることでは決してないということだ。今の日本人は自分を責めすぎていると感じる。ソーシャル・メディアの毒が回っているからかもしれないが、責めるということと闘うということは全く異なることであると知ってほしい。

オーストラリア人的発想では、常に自分を主張してばかりなので、なかなか自分を見つめる機会がない。しかし、日本では仕事がうまくいったときは反省会を行う。「うまくいったのにどうして反省してるの？」と思うし、「毎回やってるじゃないか」とも感じる。

おそらく日本人にとって反省をするというのは、和を求めるという目的があるのだろう。反省会は美談ではあるけれども、本来、それは失敗したときにだけすればいいのではないだろうか。

逆に行うべきは、成功した後は、みんなで一緒に成功を祝い、お互いの努力をたたえ合うことである。そのほうが、どれだけポジティブなエネルギーが湧いてくる。

「日本人よ、そんなに自分を責めないで」と私は言いたい。それよりも武士道の精神を思い出して、日本人らしさを取り戻してほしい。道を究めることは、日本人の最大の武器であり、日本が世界のリーダーシップを取るためには絶対に必要なものだからだ。

日本が再び輝きを放ち、日本人が世界で大活躍する日を心待ちにしている。

〈霧のアーティスト〉と称される中谷芙二子氏と共演
2019年〈霧の彫刻〉で世界的に有名な中谷芙二子氏が、日豪基金の招聘によりキャンベラにあるナショナルギャラリーオブオーストラリア（NGA）を訪れたときに撮影されたものである。中谷氏の作品は、アートとサイエンス、テクノロジーのコラボレーションに代表される形が多いが、私は1年以上準備を行い、彼女の霧の映像と私の演奏のコラボレーションが実行された。彼女からは、今まで一番いいコラボだったという賛辞をいただいた。当時88歳にしてアーティスト活動を続ける中谷氏から、当時38歳だった私に「まだ時間があります。あせらないでください」と言ってもらったことが、今も活動を続ける原動力となっている。
撮影＝レイチェル・スケッパー

おわりに

コロナ禍により、私たちの生活は大きく変わったと言われる。でも、本当にそうだろうか。私はそれ以前から、人々にテクノロジー依存症が蔓延していたと感じている。

ソーシャル・メディアの増加や、ＡＩとロボティクス（アルゴリズムとオートメーション）の進化や、ＡＲ／ＶＲ体験など、新しいテクノロジーが次々と現れ、それらの進展と比例するように人々の心は蝕まれていった。人間の身体がＩＴの指数関数的な速度についていけず、悲鳴を上げている。

二〇一九年末に新型コロナウイルス感染症（COVID-19）が出現したことで、世界中が震え上がり、各国でさまざまな感染症対策が実施され、人々の生活が激変したことは確かだ。これまで家の外で行っていた仕事が家の中に入り込むようになり、テクノロジーの導入に拍車がかかった。

テレワーク、オンラインミーティング、オンライン授業、ストリーミングイベント、デリバリーサービスなど、バーチャル空間でさまざまなことが代替できるようになった。リアルがバーチャルで完全に置き換え可能になったといわんばかりだが、恐ろしいことに人々は、このテクノロジー依存による「麻痺状態」に気づいていない。

テクノロジーを利用することで日常生活を豊かなものにしたいという願望は、理解できる。テクノロジーの力で私たちの生活は非常に便利になった。しかし、本書で述べたように、クリエイティビティはデジタルの力で自動化することはできない。たとえば、身体的な痛みは、リアルの世界では感じられてもバーチャルでは感じることはできない。つまり、クリエイティビティを発揮しようとすれば、バーチャルな自分とリアルな自分を統一する必要があるが、それはまだ実現不可能である。

私たちがポスト・コロナ社会で重要視するべきは、デジタル化された社会であっても人間らしさ（アナログ・プロセス）を守り続けることだ。それが、本書で提唱したレジリエントな社会につながる。

では、どのような方法であれば、よりレジリエントな社会を築くことができるのだろうか。私は、こう考える。一人ひとりがウェルビーイング＝身体的・マインド的・精神的なものを再認識しつつ、世界的な環境保護、人権問題、経済について今まで以上に真剣に考え、行動を起こすことであると。

具体的に言えば、二〇一五年に国連はグローバルSDGs（持続可能な開発のための二〇三〇アジェンダ）を採択し、その達成に向けて動きだした。SDGsを達成するための手段としてアートとカルチャーの重要性に注目する人々も増えている。

アートは、喜びや癒しをもたらすパワーを持つだけでなく、複雑な概念や問題をより楽しく、美しく、わかりやすい形にする役割も果たす。にもかかわらず、パンデミックの間、アーティストとアートは不要の存在とされ、端に追いやられた。

このように、アートは破綻する方向に進んでいて、国や企業からの支援もほとんど受けることができていない。国、企業はもちろん、個人レベルにおいても、サステナブルで健全な社会を築くために、アートと文化（カルチャー）、クリエイティビティを支援する仕組みをつくらないと手遅れになる。

私は、クリエイティビティを発揮するためには特別な能力は必要でないと考えている。

クリエイティビティは、私たちの周りのどこにでも存在し（目に見えるものも、目に見えないものも）、すべてのモノをつなぐ存在である。かつて私が弁護士として楽しく働くことができていたのは、積極的に物事をどんどん吸収し、創造的な発想や動きで仕事を行うアーティストシンキングで仕事をしたからである。

アーティストシンキングは、芸術家、弁護士、建築家、ファッションデザイナー、銀行員、政治家などの職業とは関係ない。いかにクリエイティビティを発揮して行動するかという私たち自身の気持ちによる。人々が自由に開かれた心の状態で行動する方法と考えればいいだろう。さらにアーティストシンキングを発揮するためには、全人類を一つのものとみなす必要がある。もともと人間に備わっている多様性を尊重し、文化、セクシュアリティ、宗教やさまざまな生活様式、さらには人それぞれの違いを尊重することが不可欠である。

本来、人間というものは、感情や感覚だけで意志を決定せず、自律的、論理的に考えることができる生き物である。理性的（ピタゴラス、プラトンなど、古代ギリシャの数学・哲学者によるセオリーを参考にしてほしい）で自分の意見を提示し主張するだけでなく、他人を擁護できるのが人間の理想的な姿だと言える。しかしながら、現在の日本の公教育システムはロボット的な人間しか育てていないし、育てることができない。

ポスト・コロナ社会で、あらゆるシステムが激しく変化する状態をどう生きていくのか。私たちは、次世代の子どもと若い世代を育てるために、分析力・行動力・交渉力・突破力など、グローバルで活動できるためのさまざまなスキルを身につけさせる必要がある。そのためには、日本に残るあらゆるシステム（上下関係、縦割り社会、会社の仕組みなど）を根本的に見直す必要がある。そうしない限り、日本は先進国として、グローバルレベルで生き残ることができない状態となるだろう。

そのような残念な結果にならないためにも、日本人らしいアーティストシンキングとクリエイティビティを発揮して、日本だけでなく世界で活躍していく必要があるのだ。そのために、まず他の先進国と比べて圧倒的に足りないクリエイティビティやイノベーションが誕生しやすい仕組みを確立することが不可欠だ。日本人のＤＮＡに眠った古来の知恵、文化、そこで育まれたローカルな経験を重視する必要がある。忍耐力があり継続力を持つ日本の強みを再び取り戻すことが、豊かな未来へのカギを握るだろう。そのうえで、ものまねではないオリジナリティ、リーダーシップを発揮できれば、再び世界で最先端の舞台に立つことができるはずだ。

日本には、世界に広めていくべき貴重なスキルとマインドセットがたくさんあると私は考えている。たとえば、以下の九つの要素に関しては非常に世界的なアドバンテージを持っている。

①忍耐力　②謙虚さ　③尊敬　④協力　⑤勤勉さ　⑥責任感　⑦知恵
⑧マインドフルネス　⑨アートセラピー

日本人の強みを活かすうえで、アーティストシンキングは最も強靭なツールとなり得る。アーティストシンキングを使い、芸術と文化を推進していくことで、この新しい時代に進み出ることができるだろう。このとき大事になるのは、人々の個性と多様性を切り離すのではなく、むしろ融合させていくということだ。

最後に、「あなた自身が、人生の建築家である」ということを再度強調したい。私たち全員が、アーティストでありクリエイターなのだ。クリエイターとして、人生そのものを構築するのは自分だけにしかできず、その責任は自分自身にある。人生は他人に任せるものではないと考えれば、もっと積極的に日常生活を送ることができるはずだ。そして、自分のミッションを見つけることもできるだろう。

もっと自分らしく生き、グローバルに活動できるような自分を自らの力で創り出してほしい。未来は他人に任せていいものではない。自分自身の手で切り拓いていくべきものなのだから。

二〇二一年八月吉日　ベンジャミン・スケッパー

【著者紹介】

ベンジャミン・スケッパー
Benjamin Skepper

1980 オーストラリアのメルボルン市生まれ。日本人の祖母をもつクオーター(被爆3世)
81 1歳半でピアノを習い始める
90 母が結成したグループで世界各国において演奏旅行を行う
95 公立の名門メルボルン高校に入学。ダライラマ14世の前で演奏する
96 埼玉県立春日部高校を交換留学で訪れる
99 メルボルン大学法学部に入学。グッチなどの高級ブランドのモデルを務める
2001 上智大学比較文化学部(現・国際教養学部)に留学
04 メルボルン大学法学部と教養学部の学位を取得
05 国際的法律事務所のベーカー・マッケンジーに勤務
06 モウリス・ブラックボーンに勤務
メルボルン大学法科大学院修士課程(国際法、人権法)に入学
オーストラリア(ビクトリア州)の弁護士資格を取得
07 国際的法律事務所のクリフォードチャンス日本事務所に入所
08 日本語能力試験1級取得
09 リーマンショックを機に、クリフォードチャンスを退社
クリエイティブ・エンタプライズcontrapuntal(コントラパントル)を設立
14 モスクワにあるオーストラリア大使館に勤務
15 タスマニア島のMONA美術館イベントに出演
16 チャイコフスキー記念国立モスクワ音楽院招聘研究員
18 カザフスタンに行き、同国大統領の前で演奏
19 オーストラリア国立博物館で中谷芙二子氏と共演
チャイコフスキー記念国立モスクワ音楽院ラフマニノフホールで演奏
20 MITプレス(マサチューセッツ工科大学出版局)に論文が掲載される

20年から日本に滞在し、渋谷区在住
世界16カ国(イタリア、ロシア、フランス、日本、ロシアなど)でアーティスト活動を展開中
チェロ奏者、アートディレクター、作曲家
benjaminskepper.com
contact@benjaminskepper.com

アーティストシンキング
世界16カ国で結果を出し続ける「クリエイティブ」論

2021年10月4日　第1刷発行

著　者　ベンジャミン・スケッパー
発行者　長坂嘉昭
発行所　株式会社プレジデント社
〒102-8641 東京都千代田区平河町2-16-1
平河町森タワー 13F
https://www.president.co.jp/　https://presidentstore.jp/
電話　編集（03）3237-3732
販売（03）3237-3731
撮　影　ブルノ・ヴァン・モッセベルデ（カバー）、緒方秀美（各章扉写真）
編集協力　ランカクリエイティブパートナーズ
構　成　柏木孝之
編　集　渡邉 崇
販　売　桂木栄一　高橋 徹　川井田美景　森田 巌　末吉秀樹
装　丁　秦 浩司
制　作　関 結香
印刷・製本　中央精版印刷株式会社

ISBN978-4-8334-2431-8
Printed in Japan